Praktische Reihe

TANTE MARIE –
PATISSERIE

Ein Rezeptbuch für die Wunderwelt des französischen Backwerks.

Mit 400 bewährten Familienrezepten der französischen Pâtisserie

WILHELM HEYNE VERLAG
MÜNCHEN

HEYNE-BUCH Nr. 4191
im Wilhelm Heyne Verlag, München

Titel der französischen Originalausgabe
LES PATISSERIES DE TANTE MARIE
Ins Deutsche übertragen von Hannes W. A. Schoeller

Printed in Germany 1974
Umschlaggestaltung: Atelier Heinrichs, München
Satz: K. H. Kreit KG, Lauterbach/Maar
Druck: Ebner, Ulm

ISBN 3-453-40157-3

Inhalt

Abkürzungen und Erläuterungen:
EL = Eßlöffel
TL = Teelöffel
Msp = Messerspitze

Zur Einführung

Millionen Hausfrauen in Frankreich und jetzt auch in Deutschland kennen und schätzen das große französische Kochbuch von ›Tante Marie‹ (Heyne-Kochbuch Nr. 4179) mit seinen klaren und praktischen Rezepten!
Schon die Mütter und Großmütter der heutigen Leserinnen holten sich aus diesem Kochbuch Rat und Hilfe. Seitdem ist viel Zeit vergangen. Die jungen Hausfrauen wenden sich wieder mit neuer Freude am Kochen und mit neuem Interesse der Küche zu und sind stolz darauf, ihre Familien verwöhnen zu können. Sie möchten gern Abwechslung in ihren Speisezettel bringen und womöglich neue Gerichte erfinden.
Dabei will ihnen dieses Buch behilflich sein. Es ist – wie auch das große Kochbuch der ›Tante Marie‹ – nach dem Prinzip der größtmöglichen Klarheit, Übersichtlichkeit und Sparsamkeit angelegt. Es will der Arbeit des Fachkonditors nicht vorgreifen, aber es will Anfängern und Fortgeschrittenen in der Kunst der Bäckerei und der Süßspeisen bei der Zubereitung von Kuchen und Torten, Obstkuchen, Kleingebäck, Desserts und Aufläufen, Cremes und Garnierungen eine echte Hilfe bieten.
Zweifellos mißlingt auch der begabtesten Köchin manchmal etwas – ein Kuchen wird braun und unansehnlich, ein Soufflé fällt zusammen, eine Creme gerinnt – aber dadurch darf sich keine Hausfrau entmutigen lassen. Übung macht den Meister – und Sorgfalt und Genauigkeit beim Abwiegen der Zutaten und beim Backen. Eine wesentliche Bedingung für das gute Gelingen ist auch Geduld: Nicht andauernd in den Ofen sehen, ob das Backwerk schon schön braun ist. Nicht nachlassen beim Anrühren eines Sandteiges oder einer Creme, nicht nervös werden. Beim Backen gilt es, methodisch vorzugehen, ein wenig Küchenplanung zu betreiben und mit ganzem Herzen bei der Sache zu sein. Viel Glück!

Ihre Tante Marie

Vorbemerkung zur deutschen Ausgabe

Sicher wird sich dieses Buch der französischen Pâtisserie, ebenso wie sein Vorgänger, das große französische Volkskochbuch der ›Tante Marie‹, auch in Deutschland viele Freunde schaffen. Es zeigt, wie man auf ganz andere Weise, als bei uns üblich, köstliches Backwerk und leckere Süßspeisen herstellen kann. Die französischen Teigarten und Zubereitungsmethoden unterscheiden sich in vielen Fällen von den in Deutschland üblichen. Das sollte aber niemand hindern, sich einmal an französischem Backwerk zu versuchen – wer die französischen Konditorwaren kennt, weiß, wie unvergleichlich gut das Ergebnis ist! Hier noch ein paar Ausdrücke zum besseren Verständnis der französischen Backkunst:

Cocottes sind kleine hohe Förmchen, die man ebensogut für Törtchen und Cremes wie auch für kleine überbackene Abendbrotgerichte verwenden kann.

Gâteau ist jeder Kuchen, auch Plätzchen, für die es kein eigenes Wort gibt, werden so genannt.

Lediglich bestimmte Sorten von feinem Kleingebäck werden *Petit four* genannt. Dieser Begriff deckt sich aber nicht ganz mit dem, was wir darunter verstehen.

Tartes sind flache Teigböden mit Belag, meist Obstkuchen.

Die verschiedenen Teigarten

Blätterteig
(Pâte feuilleté)

Dieser Teig, den man sehr vielseitig verwenden kann, ist gar nicht so schwierig herzustellen. Er muß aber genau nach Anweisung zubereitet werden, wenn er gelingen soll.

250 g Mehl, 150 g Butter, 1/2 Tasse sehr kaltes Wasser, 1 reichliche Prise Salz, 1 Prise Zucker

Von dem gesiebten Mehl werden 200 g auf ein Backbrett gehäuft. In die Mitte macht man eine Vertiefung, gibt Salz, Zucker und etwas Wasser hinein und vermischt alles mit den Fingerspitzen, indem man nach und nach das Mehl dazuknetet. Ab und zu fügt man etwas Wasser hinzu. Bei diesem Teig darf man nicht zu stark kneten – der Teig darf nicht zu elastisch werden. Den Rest des Mehls verknetet man mit der Butter. Auch dieser Teig muß zwar gut verarbeitet, darf aber nicht zu kräftig geknetet werden.
Jetzt hat man also zwei Teige – einen Wasserteig und einen Butterteig. Den Wasserteig rollt man auf einer Platte zu etwa 1 cm Dicke aus, legt den in kleine Stücke zerschnittenen Butterteig darauf, schlägt die vier Ecken des Wasserteigs darüber und rollt diese Teigrolle mit einem Nudelholz so lang und so dünn wie möglich aus. Diesen dünnen Teigstreifen dreht man nun einmal um sich selbst (wie ein Handtuch, das man auswindet), faltet ihn mehrere Male zusammen und rollt ihn wieder lang aus (Nudelholz dazwischen mit etwas Mehl bestreuen, damit der Teig nicht klebt!). Eine Viertelstunde ruhen lassen, dann die ganze Tour wiederholen usw. Insgesamt soll der Teig in sechs Touren ausgerollt werden. Dann kann er ohne weitere Wartezeit, je nach Rezept, gebacken werden.

Blätterteig, schnelle Art

(Pâte feuilleté, rapide)

250 g Mehl, 200 g Butter, 1 TL feines Salz, ca. ⅛ l kaltes Wasser

Man häuft das gesiebte Mehl, wie im vorigen Rezept, zu einem Hügel, drückt in die Mitte eine Vertiefung, in die man das Salz und nach und nach das Wasser gibt, während man von der Mitte aus mit den Fingerspitzen den Teig, ohne viel zu kneten, zu einem glatten, festen Teig verarbeitet. Daraus formt man eine Kugel, die man zwanzig Minuten ruhen läßt. Dann rollt man sie zu einer Teigplatte von ½ cm Dicke aus, gibt auf die ganze Oberfläche dieser Form die Hälfte der Butter in kleinen Flocken und rollt dann die Teigplatte wie einen Zylinder in der Dicke der Teigrolle zusammen, faltet ihn in einer Richtung mehrere Male dick zusammen und rollt ihn mit dem Nudelholz wieder flach, rollt die neue Teigfläche wieder zum Zylinder und faltet ihn wieder. Dann rollt man ihn sehr dünn aus, rollt ihn wieder zum Zylinder und rollt diesen von neuem flach. Man wiederholt dies zweimal und kann dann aus der letzten flachen Teigplatte Kreise oder Vierecke ausschneiden, je nach Rezept. Diese Methode der Teigherstellung dauert nicht länger als 10 Minuten. Hat man den Teig einige Zeit ruhen lassen, geht er beim Backen sehr schön auf und wird locker und blätterig.

Mürbteig

(Pâte brisée)

Dieser Teig ist einfach und rasch herzustellen. Verwendet wird er für Obstkuchen, Kuchenböden, Törtchen und Kleingebäck. Er wird auch *Knetteig* genannt.

250 g Mehl, 125 g Butter, 1 Prise Salz, 1 TL Zucker (oder mehr, wenn es das Rezept verlangt), 1 Ei (wenn der Teig für eine Pastetenhülle oder für einen Teig bestimmt ist, der etwas fester werden soll), 1 Glas kaltes Wasser

Das Mehl wird auf ein Brett geschüttet, die Butter in kleine Stückchen geschnitten und mit etwas Mehl verrieben, bis die Butter-Mehlmischung wie grober Grieß aussieht. Diese Mischung wird in eine Vertiefung in die Mitte des Mehlhaufens gegeben, Salz, Zucker und evtl. das Ei hinzugefügt, und unter langsamer Zugabe von Wasser (nicht alles auf einmal zuschütten!) wird nun der Teig mit den Fingerspitzen von außen nach innen verknetet, bis man eine Kugel erhält. Diese wird mit dem Handballen durchgeknetet, in mehrere Stücke auseinandergebrochen und diese wiederum einzeln gut durchgeknetet. Nun rollt und knetet man die Stücke wieder zusammen und wiederholt diesen Vorgang insgesamt dreimal, damit der Teig genügend Luft erhält. Vor der Weiterverwendung sollte man ihn 20–30 Minuten ruhen lassen.

Baiserteig

(Pâte à meringues)

4 Eiweiß, 4 EL Zucker, oder besser: 4 EL Puderzucker, 1 TL Vanillepulver

Die Konditoren verwenden zur Herstellung des Baiserteigs eine unverzinnte Kupferschale oder -schüssel. Machen Sie öfters Bäkkereien, wäre es empfehlenswert, sich eine solche Kupferschale oder Kupferschüssel zu besorgen. In einem solchen Gefäß gelingt der Teig auf ganz sanfter Hitze sehr gut. Wenn Sie keine solche Schüssel haben, verwenden Sie ein feuerfestes Gefäß. Sie setzen es auf ganz geringe Hitze (notfalls eine Asbestplatte unterlegen oder die Schüssel auf den Herdrand setzen), geben die Eiweiß und den Zucker sowie den Vanillezucker dazu und schlagen die Masse steif (Obacht: Die Hitze darf nie so stark sein, daß das Eiweiß gerinnt oder trocken wird) und setzen dann, am besten mit Hilfe eines Spritzbeutels, Baisers oder Meringuen in der gewünschten Form und Größe auf ein gefettetes Blech. Das Geheimnis des Gelingens von Baisers, die weiß bleiben und hart werden müssen, besteht in der vollkommenen Regelmäßigkeit des Backvorganges, bei ganz geringer, aber vollkommen gleichmäßiger Temperatur. Hier sind elektrische Backöfen im Vorteil.

Brandteig

(Pâte à choux)

1 Tasse Wasser, 1 Tasse Mehl, 1 Prise Salz, 1 nußgroßes Stück Butter, 3 ganze Eier

Man setzt eine kleine Kasserolle oder tiefe Pfanne auf das Feuer, gibt Wasser, Butter und Salz hinein.
Wenn die Mischung zu kochen anfängt, schüttet man außerhalb des Feuers das Mehl auf einmal dazu und verrührt es kräftig mit einem Holzlöffel, während man die Pfanne oder Kasserolle auf mäßige Hitze zurücksetzt, und zwar so lange, bis der Teig sich vom Boden des Gefäßes ablöst und eine Kugel bildet, die nicht mehr am Löffel haftet.
Dann nimmt man den Teig vom Feuer, schlägt nacheinander die Eier hinein und verknetet jedes einzeln, bis es mit dem Teig eine gleichmäßige Masse bildet, ehe man das nächste hineingibt. Man knetet so lange, bis der Teig als zähes, elastisches Band am hochgehobenen Holzlöffel hängenbleibt. Ist der Teig zu fest, knetet man noch ein halbes Ei hinein, aber im allgemeinen sollten drei Eier genügen, wobei man stets die angegebenen Mengen der Zutaten im selben Verhältnis verarbeitet. Dann kann man den Teig entweder mit Hilfe einer Spritztüte in kleinen Häufchen aufs gebutterte Backblech setzen, oder man sticht mit zwei Löffeln Nokken ab. Der Teig, der für Windbeutel, Krapfen (Berliner Pfannkuchen) usw. verwendet wird, dehnt sich beim Backen aus – die Häufchen also nicht zu dicht nebeneinander setzen!

Brandteig, andere Methode

(Pâte à choux, autre methode)

1 Tasse Milch, 1 Tasse Wasser, 150 g Mehl, 1 EL Butter, 1 EL Zucker, 5 Eier, 1 Prise Salz, 1 Eigelb, mit etwas Wasser verquirlt, zum Bepinseln, evtl Zuckerglasur (je nach Rezept)

Wasser, Milch, Butter, Zucker und Salz werden in einer Kasserolle aufs Feuer gesetzt. Sobald die Mischung zu kochen beginnt, nimmt man die Kasserolle vom Feuer, schüttet das gesiebte Mehl auf einmal hinein und verrührt es rasch und kräftig. Dann wird die Kasserolle wieder aufs Feuer gesetzt, erhitzt, wieder vom Feuer genommen. Nun rührt man ca. fünf Minuten, bis ein dikker, fester Teig entsteht, setzt ihn wieder aufs Feuer und läßt ihn unter ständigem Umrühren etwas »eintrocknen«. Jetzt erst gibt man außerhalb des Feuers, wie im vorigen Rezept beschrieben, ein Ei nach dem anderen dazu.
Der Teig muß nun eine Stunde ruhen, dann setzt man mit einer Spritztülle nußgroße Häufchen auf ein gebuttertes Blech, bepinselt diese mit in Wasser verquirltem Eigelb und läßt sie im stark vorgeheizten Ofen aufgehen, ohne die Ofentür zu öffnen. Nach etwa fünf Minuten Backzeit muß die Hitze etwas gedrosselt werden, damit die Windbeutel nicht verbrennen. Die fertigen Windbeutel müssen etwas erkalten, bevor man sie aufschneiden, mit einer beliebigen Creme füllen und mit Zuckerglasur bestreichen kann.

Sand- oder Zuckerteig

(Pâte sablée ou sucrée)

125 g Mehl, 50 g Butter, 1 knapper EL Schweineschmalz, 1 Tasse Milch, 1 Prise Salz, 1 EL Zucker, 1 Eigelb

Man häuft das gesiebte Mehl zu einem Hügel auf einem Backbrett und drückt oben eine Vertiefung hinein, in die man Butter und Schmalz gibt. Diese Mischung wird mit den Händen mit dem Mehl zu einer grießartigen Masse vermengt, bis sie sandähnlich wird. Dazu gibt man die leicht erwärmte Milch und das Salz sowie den Zucker und schlägt den so entstandenen Teig mehrmals auf das Backbrett. Dann knetet man den Teig zur Kugel, die man vor Verwendung eine gute Viertelstunde ruhen läßt und dann ausrollt. Backzeit etwa 20 Minuten.

Anmerkung: Hefeteig wird bei den einzelnen Rezepten beschrieben.

Zucker und seine Verwendungsmöglichkeiten

Zur Herstellung von Kuchen, Süßspeisen und all den anderen in diesem Buch beschriebenen Konditorwaren benötigt man
Stückzucker
Kristallzucker
Puderzucker

Kochen des Zuckers

Hier einige Hinweise, die Sie sich merken sollten, denn Sie werden oft darauf zurückgreifen müssen. Mit ihrer Hilfe können Sie mühelos die Veränderungen und einzelnen Phasen des Zuckers beim Kochen erkennen, und vor allem für die Zubereitung von Konfekt, Bonbons, Konfitüren usw. werden sie Ihnen nützlich sein. Wichtig ist, daß Sie stets sehr genau die Kochzeit beobachten und daß Sie sehr vorsichtig vorgehen.

1. Stadium: Blasenwerfen
Sobald der Zucker kocht, muß er mit einem Schaumlöffel abgeschäumt werden; er bildet daraufhin große und kleine Blasen auf der Oberfläche.

2. Kleiner Faden
Einen Augenblick später, wenn Sie etwas davon auf einen hölzernen Kochlöffel nehmen und die Masse mit der Fingerspitze berühren, bildet sich, wenn Sie den Finger hochheben, ein dünner Faden, der rasch zerreißt.

3. Großer Faden
Wenn Sie wenig später die gleiche Prozedur wiederholen, bildet sich ein dickerer, zäherer und widerstandsfähigerer Faden.

4. Kleine Perle
Kleine, gleichmäßige Kügelchen bilden sich auf der Oberfläche des Zuckersirups.

5. Große Perle
Bei steigender Hitze überzieht sich die ganze Oberfläche mit einem dichten Gewebe von aneinandergereihten Perlen (der Ausdruck ›große Perle‹ ist also etwas mißverständlich). In diesem Stadium ist der Zuckersirup nicht mehr zähflüssig, sondern die Masse bricht.

6. Flugzucker
Taucht man jetzt einen Löffel in die Masse, fliegen die kleinen Bläschen davon.

7. Karamel
Jetzt beginnt der Zucker zunächst goldgelb und dann rasch braun zu werden: er karamelisiert.

Garnitur und Schmuck von Kuchen

Die einfachste Art, einen Kuchen zu schmücken, besteht darin, ihn mit Puderzucker zu bestreuen oder ihn mit kandierten Früchten zu garnieren, die man entweder im ganzen auflegt, oder, je nach Größe, in gefällige Formen schneidet. Kirschen können ganz aufgesetzt werden, während man kandierte Engelswurz in Streifen oder Rauten schneidet, ebenso wie Orangeat oder Zitronat. Eine andere Art der Dekoration besteht darin, den Kuchen mit der Spritztüte mit einer Creme zu garnieren. Statt eine Spritztüte zu verwenden, kann man eine Schablone vorbereiten, um den Kuchen mit verschiedenen Mustern zu schmücken. Zu diesem Zweck braucht man ein Blatt kräftiges, quadratisches Papier, dessen Seitenlänge dem Durchmesser des runden Kuchens entspricht. Man faltet dieses Papier erst zur Hälfte, dann wiederum zur Hälfte, dann dieses doppelte Quadrat zum Dreieck, das man schließlich nochmals über die Spitze faltet. Von diesem schmalen, achtfachen Dreieck schneidet man an der Breitseite einen Kreisbogen ab und kann dann an den zur Spitze laufenden Längsseiten verschiedene Einschnitte und Muster einschneiden, die, wenn man das Dreieck zum Kreis auseinanderfaltet, ein Rauten- und Viereckmuster, symmetrisch auf dem Kreis angeordnet, zeigt. Diese Schablone legt man auf den Kuchen, stäubt durch ein Sieb Puderzucker darüber und hat dann die Kuchenoberfläche gleichmäßig gemustert, wenn man die Schablone vorsichtig abhebt.

Kaffeeglasur

(Glacé au café)

3 EL Zuckerglasur, 1 TL Pulverkaffee

Man vermischt zunächst einen großen Löffel Zucker mit dem Pulverkaffee und 2 EL Wasser. Nach 9–10 Minuten Rühren wird die Mischung glatt und glänzend. Man verteilt sie mit einem angewärmten Messer auf der Oberfläche des Kuchens. Damit die Glasur glänzender wird, kann man den Kuchen für einige Augenblicke in einen warmen Backofen setzen.

Schokolade-Fondant

(Fondant au chocolat)

250 g Kochschokolade, 3 EL Puderzucker, 1 EL Butter, 1/2 Glas Wasser (ca. 1/8 l)

Man läßt die Schokolade, die man in Stücke zerbrochen hat, bei schwacher Hitze schmelzen und bereitet inzwischen einen Zuckersirup, den man bis zum Faden gekocht hat. Er wird mit der Schokolade vermischt, um eine dicke Creme zu erzielen, der man die Butter stückchenweise beifügt. Diese Masse verteilt man mit einem erhitzten Messer auf der Kuchenoberfläche. Damit diese Glasur glänzend wird, muß man sie an der Luft trocknen lassen.

Kalte Glasur eines Kuchens

(Glaçage à froid)

1 EL Rum oder Kirschwasser, 1 EL Wasser, 150–200 g Puderzucker (4–6 EL)

Bevor man den Kuchen glasiert, siebt man den Puderzucker, der die Neigung hat, zu dicken Krümeln zusammenzubacken, sorgfältig durch, wobei man jeden Krümel im Sieb mit dem Löffelrücken zerdrückt, um einen ganz glatten Puder zu erhalten, dann rührt man den Zucker nach und nach mit kleinen Dosen von Kirschwasser oder Rum und Wasser durch. Sobald die Mischung schön glatt ist und nicht mehr fließt, wenn man sie mit dem Kochlöffel hochhebt, ist sie fertig zum Gebrauch. Man streicht sie langsam mit Hilfe einer angewärmten Messerklinge auf der Oberfläche des Kuchens aus und bestreicht auch die Seiten mit dem überschüssigen Guß. Die Glasur wird weißer und besser bei Verwendung von Kirschwasser Einige Tropfen Zitronensaft lassen die Glasur schneller fest werden.

Glasur eines Kuchens, zweite Art

(Glaçage, deuxième méthode)

4 EL Puderzucker, 1/2 Eiweiß, einige Tropfen Zitronensaft

Man drückt den Puderzucker, wie vorstehend beschrieben, durch ein feines Sieb, worauf man ihn langsam mit dem halben Eiweiß glatt verrührt und einige Tropfen Zitronensaft dazu gibt. Hat die Lösung eine cremeförmige Substanz angenommen, verteilt man sie mit einer angewärmten Messerklinge über die Oberfläche und die Seiten des Kuchens.

Farbige Glasur

(Glaçage en couleur)

Sobald man den Trick herausgefunden hat, um einen Kuchen oder Plätzchen zu glasieren, ist es nicht schwer, die Glasur verschieden zu färben. Dafür verwenden Sie dieselben Mengen wie für eine weiße Zuckerglasur, geben aber einige Tropfen einer unschädlichen Speisefarbe dazu, Grün oder Karmin, wie sie im Handel zu haben sind, ebenso kann man etwas Pulverkaffee oder etwas Schokoladenpulver, mit sehr wenig Wasser aufgelöst, beifügen. Rot wird die Glasur auch mit etwas Marmelade oder Himbeersirup, grün mit Spinatsaft.

Was die Farbstoffe anbelangt, so sollten Sie zunächst so wenig wie möglich verwenden und mit der Beifügung eines einzigen Tropfens anfangen. Wenn es notwendig sein sollte, noch mehr dazuzugeben, denken Sie daran, daß Anfängerinnen meist dazu neigen, des Guten zuviel zu tun, so daß die Farbe zu aufdringlich und laut wirkt.

Man kann einen glasierten Kuchen zur Verschönerung auch noch mit kandierten Früchten verzieren. Handelt es sich um eine weiße Glasur, so kann man sie mit Lamellen von Orangeat garnieren, die man hübsch auf der Glasur anordnet, oder um kandierte Veilchen.

Kuchen oder Plätzchen, die rosa oder grünlich glasiert sind, kann man mit kandierten Kirschen und rautenförmig geschnittener, kandierter Engelswurz garnieren. Für Kuchen oder Plätzchen mit Schokolade- oder Kaffeeglasur verwendet man halbierte Walnüsse, Haselnüsse usw.

Konditorkuchen und -gebäck (mit Creme)

Weihnachtsbaumstamm

(Bûche de Noël)

Dieser ›Baumstamm‹, ein traditionelles französisches Weihnachtsgebäck, hat seine Form von dem großen Holzklotz, den man früher am Heiligen Abend im Kamin verbrennen ließ.

Für den Biskuitteig: 3 Eier, 4 EL Puderzucker, 2 EL Kartoffelmehl oder Speisestärke, 1 Päckchen Backpulver – *Für die Buttercreme mit Schokolade:* 2 Eigelb, 100 g sehr frische Butter, 2 EL Puderzucker, 3 Rippen Kochschokolade, 2–3 Stücke kandierte Engelswurz, 2–3 Nüsse

Man beginnt mit der Zubereitung der Buttercreme. Dazu läßt man die Schokolade in einer Kasserolle mit etwas Wasser schmelzen, dann gibt man den Zucker dazu, den man bis zur ›kleinen Perle‹ (Seite 16) kochen läßt. In diese Mischung rührt man die Butter mittels eines Schneebesens, während man die Masse in der Kasserolle in eine Terrine mit Eiswasser setzt, damit die Creme schneller fest wird. Sobald sie fest ist, stellt man sie kühl.
Zum Teig wird der Zucker ausgiebig mit den Eigelb verrührt, dann gibt man Kartoffelmehl oder Speisestärke und schließlich das Backpulver dazu. Ist der Teig schön gleichmäßig und glatt, hebt man das zu steifem Schnee geschlagene Eiweiß darunter, streicht den Teig auf ein großes, gebuttertes Backblech mit niederem Rand und läßt ihn im mäßig geheizten Backofen 12 bis 15 Minuten backen.
Sobald das Biskuit leicht goldfarbig ist, nimmt man das Blech aus dem Ofen und stürzt es auf ein feuchtes Tuch, damit es biegsam bleibt und nicht bricht. Sonst könnte man es nicht einrollen. Auf das Biskuit streicht man nun die Hälfte der Buttercreme gleichmäßig dick auf und rollt es dann wie eine Roulade zur Form eines Baumstamms zusammen. Nun schneidet man die beiden Enden glatt und bestreicht die Oberseite mit der restlichen Buttercreme, wobei man mit einer Gabel die Rinde eines Baumstamms imitiert und den Stamm mit einigen Engelswurzstreifen und Nüssen verziert.

Weihnachtsbaumstamm mit Schokolade (2. Möglichkeit)

(Bûche au chocolat, deuxième formule)

Für den Teig: 1 Tasse Puderzucker, 1 Tasse Mehl, 2 Eier, 1/2 Paket Backpulver, 1–2 EL Kristallzucker – *Für die Garnitur:* 3 Rippen Kochschokolade, 2 EL Kristallzucker, 2 EL Butter

Man schlägt die Eier mit dem Zucker schaumig, gibt Mehl und Backpulver dazu, buttert dann ein Backblech und gießt den Teig darauf. Man läßt ihn 5–6 Minuten backen, bereitet inzwischen ein Blatt Papier vor, auf das man den Kristallzucker streut, und stürzt den gebackenen Teig auf dieses Papier. Dann bereitet man aus geschmolzener Schokolade und Butter eine Creme, gießt sie auf den Teig, verteilt sie sorgfältig und rollt dann den Baumstamm zusammen. Man bindet die Rolle an zwei Stellen zusammen und überzieht sie mit einer Schokoladenglasur (s. S. 19).

Weihnachtsbaumstamm mit Kaffeecreme

(Bûche de Noël au café)

Teig wie im vorigen Rezept – *Für die Creme:* 2 Eigelb, 2 EL Butter, 3 EL Puderzucker, 1 TL Kaffee-Essenz, einige Streifen Engelswurz und zwei oder drei Nüsse für die Garnitur

Den Teig stellt man wie im vorhergehenden Rezept her. Für die Kaffeecreme kocht man einen Zuckersirup bis zur ›kleinen Perle‹, gibt die Eigelb dazu, die Kaffee-Essenz und die Butter und bestreicht den Teig und die Rolle, die man mit Engelswurz und Nüssen garniert.

Baumstamm mit Konfitüre

(Bûche à la confiture)

Zu dieser ›Roulade‹ wird der Teig wie im Rezept ›Weihnachtsbaumstamm mit Schokolade‹ bereitet; statt der Buttercreme wird er mit Johannisbeergelee oder Aprikosenmarmelade gefüllt.

Weihnachtsbaumstamm mit Kastanien

(Bûche aux marrons)

750 g Eßkastanien, 125 g Butter, 125 g Kochschokolade, 2 EL Puderzucker, 1 TL Vanillepulver oder 1 TL Kaffee-Essenz, 1 EL Puderzucker

Man läßt die Kastanien kochen, schält sie und treibt sie durch die Kartoffelpresse oder püriert sie im Mixer und gibt entweder Vanillepulver oder Kaffee-Essenz und Puderzucker dazu. Dann läßt man die Schokolade mit sehr wenig Wasser schmelzen, gibt die Butter dazu und vermengt sie mit dem Kastanienpüree.
Ist die Masse flüssig und gleichmäßig, wird sie auf ein geöltes Pergamentpapier gestrichen und muß nun einige Stunden an einem kühlen Ort fest werden. Dann rollt man sie zu einem Baumstamm bzw. zu einer Roulade zusammen. Die Ecken werden gerade geschnitten, das Papier wird herausgezogen, und mit einer Gabel das Rindenmotiv eingekerbt. Garniert wird der Baumstamm mit kandierter Engelswurz und gerösteten gehackten Nüssen oder Mandeln.

Apfeltasche

(Chausson aux pommes)

Blätterteig (Seite 11), 5–6 Äpfel, 3 EL Zucker, 1 Stange Vanille, 1 Eigelb, 1 EL Puderzucker

Aus den geschälten Äpfeln wird mit Zucker und der Vanillestange ein ziemlich dickes Kompott gekocht, das man erkalten läßt. Inzwischen bereitet man den Blätterteig, der 1 cm dick in der Größe eines großen flachen Tellers ausgerollt wird. Diese runde Teigplatte belegt man auf einer Hälfte – aber nicht bis zum Rand! – mit Kompott, klappt die andere Hälfte darüber, klebt die Ränder mit etwas Wasser zusammen und drückt sie fest aneinander. Die Oberseite wird mit einem in etwas Wasser verquirlten Eigelb bestrichen. Mit einer Gabel sticht man in die Tasche einige Löcher, damit der Dampf entweichen kann, und bäckt sie im vorgeheizten, ziemlich heißen Backofen rund 15–20 Minuten. Einige Minuten vor Ende der Backzeit bestreut man die Tasche mit Puderzucker, dadurch bekommt sie eine glänzende Oberfläche.

Windbeutel mit Schlagsahne

(Choux à la Chantilly)

Brandteig (s. S. 14) – *Für die Füllung:* 150 g Schlagsahne 3 EL Puderzucker, 2 Päckchen Vanillezucker oder 1 TL Vanillemark, 1 EL Puderzucker zum Bestreuen der Windbeutel, 1–2 Eigelb

Man bereitet, wie angegeben, einen Brandteig, dann buttert man ein Backblech und bestreut es leicht mit Mehl. Mit einer Teigspritze dreht man Teigstücke von der Größe eines kleinen Apfels darauf, bestreicht jedes dieser Brandteigstücke, die man nicht zu eng nebeneinander setzen darf, mit etwas mit Wasser verquirltem Eigelb und bäckt sie im mittelheißen, 7–8 Minuten vorgeheizten Backofen eine gute Viertelstunde, ohne das Backrohr zu öffnen. Sind sie schön aufgegangen, läßt man sie erkalten.
Entweder schneidet man nun die abgekühlten Windbeutel seitlich ein und füllt sie dann von der Seite her (mit Hilfe eines kleinen Löffels) mit steifgeschlagener Sahne, die man gezuckert und mit Vanillezucker oder -mark aromatisiert hat. Oder man schneidet sie im oberen Drittel ganz quer durch, gibt auf das untere Teil reichlich geschlagene Sahne und setzt den Deckel darauf. Die Windbeutel werden mit Puderzucker bestreut oder, wie im übernächsten Rezept beschrieben, mit einer hellen Karamelschicht glasiert.

Streichhölzer

(Allumettes)

Blätterteig nach Angabe auf S. 11 – *Für die Glasur:* 1/2 Eiweiß, 100 g Puderzucker, einige Tropfen Zitronensaft

Man bereitet nach Anweisung einen Blätterteig, rollt ihn zu einem Streifen von 10 cm Breite auf eine Dicke von höchstens 1/2 cm aus. Dann macht man eine Glasur mit Puderzucker, 1/2 Eiweiß und einigen Tropfen Zitronensaft, schlägt diese Mischung, bis sie ausreichend dicklich geworden ist, und verteilt sie mittels eines angewärmten Messers gleichmäßig auf dem Teig, den man dann in Streifen von 2 cm Breite zerteilt. Sie werden im mittelheißen Backofen auf gebuttertem Backblech eine Viertelstunde gebacken.

Condés

Blätterteig nach Angabe auf Seite 11 – *Für die Glasur:* 1/2 Eiweiß, 100 g Puderzucker, einige Tropfen Zitronensaft, 4–5 EL Mandelsplitter

Man bereitet den Blätterteig wie für die ›Streichhölzer‹, rührt dann eine Zuckerglasur mit Eiweiß und etwas Zitronensaft an, die man auf dem Teigstreifen verteilt und mit grob gehackten oder einfach in Streifen oder Lamellen geschnittenen, geschälten Mandeln bestreut. Man schneidet den Teig in zweifingerbreite Streifen und bäckt diese im mittelheißen Backofen 12–15 Minuten.

Maronenschiffchen

(Barquettes de marrons – für 8 Schiffchen)

Für den Boden: Sandteig (oder Zuckerteig) (Seite 15) – Konditorcreme (Seite 169) – *Für die Maronencreme:* 200 g frisches Maronenpüree (Glas), 100 g Butter, 1 EL Kirschwasser oder Maraschinolikör – *Für die Schokoladenglasur:* 2 EL Puderzucker, 1 Rippe Kochschokolade – *Für die Kaffeeglasur:* 3 EL Puderzucker, 1 TL Pulverkaffee, etwas Wasser

Zunächst wird ein fester Sandteig (Zuckerteig genannt) (Seite 15) hergestellt, auf 1/2 cm Dicke ausgerollt und kleine Schiffchenformen damit ausgelegt. Dann bereitet man eine ziemlich dicke Konditorcreme und belegt damit den Boden der Schiffchen, setzt diese in den mittelheißen Backofen und läßt sie 12–15 Minuten backen. Die fertigen Schiffchen werden vorsichtig aus den Formen genommen und müssen vor der Füllung erkalten. In der Zwischenzeit bereitet man eine Maronencreme, indem man Maronenpüree, fertig gekauft oder selbst hergestellt, mit weicher, aber nicht zerlassener Butter vermengt und zum Schluß mit etwas Kirschwasser oder Maraschino abschmeckt. Diese Creme wird dachförmig in die erkalteten Schiffchen gehäuft. Schließlich bestreicht man die eine Seite der ›Cremedächer‹ mit Schokoladenglasur, die andere Seite mit Kaffeeglasur und läßt die Glasuren an einem kühlen Ort trocknen.

Glasierte Windbeutel mit Creme

(Choux glacés à là crème)

Teig wie im vorstehenden Rezept – *Für die Creme:* siehe für Konditorcreme (S. 169) – *Für die Glasur:* 4 EL Puderzucker, 1 TL Kirschwasser, 1 kleiner Tropfen grüne Lebensmittelfarbe, 1 EL Schokoladenstreusel

Man bäckt die Windbeutel, wie im vorstehenden Rezept angegeben, aber in einer länglichen Form. Sind sie erkaltet, füllt man sie mit einer Konditorcreme mit Rum oder Vanille (s. S. 169). Für den Überzug bereitet man eine Glasur, indem man den Puderzukker mit etwas Kirschwasser und einem Tropfen grüner Speisefarbe verrührt. Damit glasiert man die Oberseite jedes Windbeutels und streut Schokoladenstreusel darauf.

Herzoginnen-Windbeutel

(Choux Duchesses)

Teig wie bei Windbeutel mit Schlagsahne (S. 14) – 150 g Schlagsahne, 3 EL Puderzucker, 1 EL Kirschwasser oder Maraschino – Karamel aus 6–8 EL Zucker (siehe Kapitel ›Zucker und seine Verwendungsmöglichkeiten‹, Seite 17)

Die Windbeutel werden genauso zubereitet, wie beim Rezept ›Windbeutel mit Schlagsahne‹ beschrieben. Aus dem Zucker kocht man eine goldblonde Karamelmasse, bestreicht die Oberseite jedes Windbeutels damit und läßt sie erkalten.

Kleine Täschchen mit Äpfeln

(Petits chaussons aux pommes)

Man bereitet diese Apfeltäschchen ebenso zu, wie bei ›Apfeltasche‹ auf S. 23 beschrieben, indem man Kreise von 10–12 cm Durchmesser aus dem ausgerollten Blätterteig aussticht und mit Kompott (oder Apfelmus) füllt.

Hörnchen mit Creme

(Cornets à la crème)

Reste von Blätterteig – Konditorcreme mit Vanille (S. 169), 1 Eigelb

Bleiben Ihnen Reste von ausgerolltem Blätterteig übrig, so legen Sie diese flach aufeinander und rollen sie auf eine Dicke von etwa 1/2 cm aus. Von dieser ausgerollten Teigmasse schneidet man Streifen von 2–3 cm Breite, die man gleichmäßig, an der Spitze beginnend um außen gebutterte, kleine Tütchenformen aus Blech wikkelt. (Man kann sie aus Alufolie auch selbst formen.) Diese Hörnchen mit Teig bepinselt man mit in etwas Wasser verquirltem Eigelb, legt sie auf ein gut gebuttertes Backblech und bäckt im ziemlich heißen vorgeheizten Backofen 10 bis 12 Minuten. Dann zieht man die Form aus den Hörnchen und füllt sie, wenn sie erkaltet sind, mit einer Konditorcreme mit Vanille (s. S. 169).

Cremehörnchen mit Schlagsahne

(Cornets à la crème Chantilly)

Diese Blätterteighörnchen werden genauso zubereitet wie im vorhergehenden Rezept angegeben. Man ersetzt die Cremefüllung durch Schlagrahm, den man gezuckert und mit Vanille aromatisiert hat.

Croquembouches (kleine Windbeutel)

Die Croquembouches (im Mund zu zerkauen), deren anschaulicher Name seit einigen Jahrhunderten bekannt ist, sind ganz kleine Windbeutel, die man mit einem blonden Karamel überzieht und mittels einer kleinen Spritze von der Seite her mit Konditorcreme füllt, je nach Wunsch mit dem Aroma von Vanille, Kaffee, Schokolade oder Rum.

Diese gefüllten Windbeutel, etwas größer als Walnüsse, dienen meist, pyramidenförmig aufeinandergeschichtet, als Unterlage für Hochzeitskuchen in mehreren Etagen oder andere komplizierte Festtagskuchen.

Dartois

1 Rezept Blätterteig (Seite 11) – *Für die Füllung:* Creme Frangipane (s. S. 166)

Man rollt den Blätterteig auf 1/2 cm Dicke aus, und zwar in zwei langen Streifen von etwa 10 cm Breite. Man feuchtet die beiden Streifen auf der ganzen Länge mit Wasser an und gibt die Creme Frangipane (Mandelcreme) darauf. Dann setzt man den zweiten Streifen auf den ersten und drückt diesen sehr fest, schneidet die Ränder glatt und bezeichnet mit der Spitze des Messers die Länge für jede Schnitte, bepinselt die Oberseite mit etwas in Wasser gelöstem Eigelb und läßt im heißen vorgeheizten Backofen 15 Minuten backen. Dann schneidet man den doppelten Streifen an den vorher bezeichneten Stellen auseinander. Die Dartois entsprechen in etwa den bei uns bekannten Cremeschnitten, nur sind sie eben mit Mandelcreme gefüllt.

Palmblätter (Schweinsohren)

(Feuilles de palmier)

125 g Mehl, 100 g Butter, 1 Prise Salz, 3 EL Puderzucker

Man bereitet mit den angegebenen Zutaten nach Vorschrift (Seite 11) einen Blätterteig. Nach der letzten Tour rollt man den Teig auf 1/2 cm Dicke zu einem langen Rechteck aus. Dieses hebt man vom Backbrett und bestreut das Brett mit Puder- oder Grießzukker, legt den ausgerollten Teig auf diese Unterlage, rollt ihn von der Längsseite bis zur Mitte und tut dasselbe mit der anderen Hälfte, so daß sich die beiden eingerollten Teighälften dicht berühren, wobei man eine an die andere mit etwas Wasser klebt. Dann dreht man diese Rolle mit den eingerollten Teilen auf das Backbrett, schneidet sie in dünne Scheiben von 1/2 cm und läßt sie mit Zucker bestreut auf einem gebutterten Backblech im mäßig vorgeheizten Backofen 20–35 Minuten backen. Sobald die Scheiben schön braun sind, nimmt man sie aus dem Ofen. Man kann sie sowohl lauwarm als auch kalt servieren; lauwarm aber schmekken sie besser.

Kaffee-Eclairs

(Eclairs au café)

1 Rezept Brandteig (Seite 14) – *Für die Creme:* $^1/_4$ l Milch, 1 EL Stärkemehl, 3 EL Puderzucker, 4 Eier, 1 TL Kaffee-Extrakt oder Pulverkaffee, in ganz wenig Wasser aufgelöst – *Zuckerglasur* (Seite 19), 2 EL Aprikosenmarmelade

Zunächst bereitet man einen Brandteig und setzt mit einer Backspritze längliche Streifen von ca. 10 cm Länge und 2 cm Breite auf ein gefettetes Backblech. Sie werden 15–20 Minuten bei mäßiger Hitze im vorgeheizten Ofen gebacken. Inzwischen bereitet man eine ziemlich dicke Creme, indem man die mit Zucker und Stärkemehl verquirlten Eier in die fast kochende Milch rührt und unter ständigem Rühren bei geringer Hitze langsam eindicken läßt. (Am besten geht das im Wasserbad – hierbei hat man die Gewähr, daß die Eier nicht gerinnen.) Ist die Creme dick genug, nimmt man sie vom Feuer und rührt Kaffee-Essenz oder aufgelösten Pulverkaffee hinein. Nun schneidet man die Eclairs der Länge nach auf, füllt sie mit Hilfe einer Spritztülle und setzt die zweite Hälfte darauf, die man zuvor mit Zuckerglasur bestrichen hat (auch die Zuckerglasur kann man mit etwas Kaffee-Essenz braun färben.) Vor dem Bestreichen mit Glasur bepinselt man die oberen Hälften der Eclairs zweckmäßigerweise mit Aprikosenmarmelade.

Aprikosenblätterteig

(Feuilleté à l'abricot)

1 Rezept Blätterteig (Seite 11), ca. 250 g Aprikosenmarmelade, 1 Eigelb, 2 EL Puderzucker

Der Blätterteig wird 1 cm dick ausgerollt und zu Vierecken von 10–12 cm Seitenlänge ausgeschnitten. Diese Vierecke werden nicht ganz bis zu den Rändern mit Marmelade belegt und die Seiten kuvertförmig zusammengeklappt, wobei man die Kanten mit etwas Wasser aufeinanderklebt und mit einer Gabel festdrückt. Diese Täschchen werden mit in etwas Wasser verquirltem Eigelb bestrichen, mit einer Gabel mehrmals eingestochen, damit der Dampf entweichen kann, und ca. 20 Minuten im ziemlich heißen Ofen gebacken. Kurz vor Ende der Backzeit bestreut man sie mit Puderzucker.

Conversations

Warum diese luftigen kleinen Törtchen *Conversations* – Geplauder – heißen? Kein Mensch (auch kein Franzose) weiß es. Sie schmecken jedenfalls wunderbar! Allerdings sollte man schon einige Backkenntnisse haben, bevor man sich an sie heranwagt.

1 Rezept Mürbteig oder Sandteig (Seite 12 und 15) – Frangipane-Creme (Seite 166) – *Meringuen-Masse:* 2 Eiweiß, 2 EL Puderzucker, 1 Msp Vanillemark; 1–2 EL durchgesiebter Puderzucker zum Bestreuen, 1 Eigelb

Gebutterte Törtchen- oder Tortelettformen werden mit Mürbteig ausgekleidet. Man sticht ihn mehrere Male mit einer Gabel ein, damit sich die dünne Teigkruste beim Backen nicht wölbt. Dann bereitet man eine Frangipane-Creme, mit der man die Törtchen füllt. Als nächstes schlägt man die Eiweiß mit Puderzucker sehr steif, verteilt die Masse auf die Förmchen und belegt sie gitterförmig mit dünnen zurückbehaltenen Mürbteigstreifen, die man (am besten vor dem Belegen) mit in Wasser verquirltem Eigelb bestreicht. Dann läßt man die Törtchen bei ganz schwacher Hitze langsam backen (15–20 Minuten), läßt sie am besten im geöffneten Backrohr erkalten, hebt sie vorsichtig aus den Förmchen und bestreut sie vor dem Anrichten mit Puderzucker.

Schokoladen-Eclairs

(Eclairs au chocolat)

1 Rezept Brandteig (Seite 14) – *Für die Creme:* 1/4 l Milch, 1 EL Stärkemehl, 2 EL Puderzucker, 2 Eigelb, 1 Eiweiß, 2 Rippen Kochschokolade – *Schokoladenglasur* (Seite 19)

Die Eclairs werden gebacken, wie bei Kaffee-Eclairs (S. 29) beschrieben. Für die Creme läßt man die Schokolade in ganz wenig Wasser bei schwacher Hitze schmelzen, läßt die Milch aufkochen und vermischt sie mit der Schokoladenmasse und nimmt sie vom Feuer.

Jetzt rührt man die mit Zucker und Stärkemehl verquirlten Eigelb unter die Creme, setzt diese wieder aufs ganz schwache Feuer oder noch besser in ein Wasserbad und läßt sie unter ständigem Rühren eindicken. Dann stellt man sie kalt und zieht, bevor man die Eclairs füllt, ein steifgeschlagenes Eiweiß darunter. Die Oberseite der Eclairs wird mit Schokoladenglasur überzogen.

Frangipaneschnitte

(Frangipane)

Für den Teig: 250 g Mehl, 150 g Butter, 1 TL Salz, 1 Glas eiskaltes Wasser (ca. 1/5 l), 1 Ei – *Für die Creme:* 1 Rezept Frangipanecreme (Seite 166) und 5–6 feingehackte oder gestiftelte geröstete Mandeln – *Zur Garnierung:* 1 gehäufter EL Puderzucker – 1 Eigelb

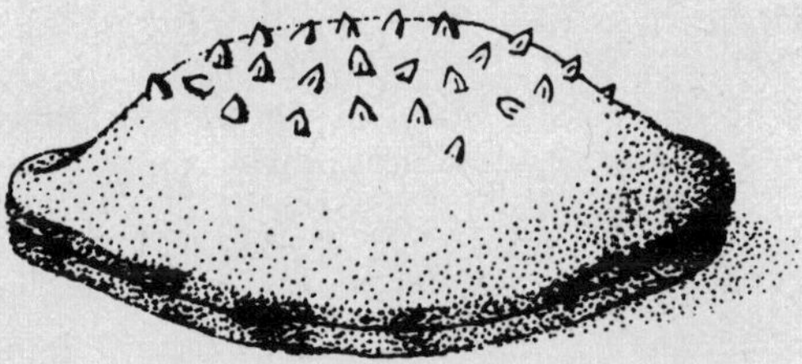

Fragipaneschnitte

Man bereitet aus den genannten Zutaten einen Blätterteig nach Anweisung auf S. 11, den man nach der dritten Tour 15 Minuten ruhen läßt und dann in zwei dünne Teigplatten von etwa 20 cm Durchmesser ausrollt. Auf eine Teigplatte füllt man eine dicke Frangipanecreme, wobei man ringsum an den Rändern einen Streifen von 1 cm freiläßt. Dann feuchtet man den Rand mit Wasser an, damit die zweite Teigplatte, die man auf die erste Platte an den Rändern aufdrückt, gut festklebt. Man bepinselt die Oberseite mit einem mit etwas Wasser verquirlten Eigelb und bestreut die Oberfläche mit den gestiftelten, geschälten Mandeln. Man bäckt im vorgeheizten, heißen Backofen zwanzig Minuten und bestreut die Schnitte mit Puderzucker oder gibt eine Zuckerglasur obenauf.

Einfacher Kuchenboden

(L'Eternel)

2 Tassen Mehl, 1 Tasse Zucker, 1 Ei, 1/2 Tasse Milch, 1 Paket Backpulver

Man schlägt das Eigelb mit dem Zucker schaumig, dann gibt man nach und nach die lauwarme Milch und das Mehl unter ständigem Rühren dazu. Zum Schluß hebt man das zu Schnee geschlagene Eiweiß und das Backpulver darunter. Man buttert eine runde Obstkuchenform, bestreut sie mit Mehl und gießt den glatten, gut gerührten Teig darauf. Man bäckt zuerst im schwachangeheizten Ofen und dann mit steigender Temperatur insgesamt 30 Minuten, damit der Kuchen schön braun wird.

Mandelkuchen

(Gâteau d'amandes – altes provençalisches Rezept)

200 g Mehl, 250 g süße Mandeln mit einigen bitteren Mandeln, 250 g Puderzucker, 8 Eier, Schale von 2 ungespritzten Zitronen, 2 EL Orangenblütenwasser, 1 EL Olivenöl, etwas Zucker

Für die Creme schält man die Mandeln, die man fein hackt und dann mit 1 EL Orangenblütenwasser im Mörser zerstampft. Die zerstampften Mandeln gibt man mit dem Puderzucker in eine Kasserolle und erhitzt die Mischung unter Umrühren so lange, bis sie eine goldgelbe Farbe annimmt. Dann läßt man sie erkalten, gibt die abgeriebene Zitronenschale dazu und rührt die geschlagenen Eigelb und anschließend die zu steifem Schnee geschlagenen Eiweiß dazu. Nun bereitet man den Teig: Man bringt in einer Kasserolle 1 EL Orangenblütenwasser mit einem Glas Wasser und einer guten Prise Zucker zum Kochen. Nun häuft man das Mehl auf einem Backbrett auf, macht oben eine Vertiefung hinein, füllt die heiße Flüssigkeit sowie 1 EL Olivenöl hinein und knetet damit von der Mitte aus einen Teig, den man, wenn er fest genug ist, ausrollt und damit eine runde Kuchenform auslegt. Darauf füllt man die Mandelcreme und läßt den Kuchen im schwach geheizten Ofen 20–30 Minuten backen.

Bretonischer Kuchen

(Galette bretonne)

3 Tassen Hafer- oder Stärkemehl, 1 Tasse Puderzucker, 2 große Eier, 1 Prise Salz, 1 Prise Zimt, 1 Handvoll Mandeln, mit 1 EL Zucker in der Mandelmühle gemahlen, 2 EL in feine Streifen geschnittenes Zitronat und Orangeat (gemischt) – oder auch nur eines von beiden – 1 Eigelb

Das Mehl wird mit der in Flocken dazugegebenen Butter verknetet, die mit dem Puderzucker schaumig geschlagenen Eier zugefügt; dann knetet man die gemahlenen Mandeln und Zitronat und/oder Orangeat darunter. Der Teig wird kräftig verknetet und muß 20–30 Minuten ruhen. Dann buttert man eine runde Tortenform aus, legt sie mit dem Teig aus, bepinselt die Oberfläche mit dem mit Wasser verquirlten Eigelb, zeichnet mit einer Gabel ein Rautenmuster ein. Der Kuchen muß eine gute halbe Stunde bei kräftiger Hitze im vorgeheizten Backofen backen und dann auf einem Gitter auskühlen.

Barett-Kuchen

(Gâteau béret)

200 g Puderzucker, 2 Eiweiß, 1 EL Rum – *Für die Füllung:* Buttercreme mit Kaffee oder Schokolade (s. S. 167)

Man schlägt die Eiweiß zu Schnee, den man mit dem Puderzukker und dem Rum vermengt. Dann bereitet man zwei runde, 8–10 cm große Pergamentpapierscheiben vor, die man mit Puderzucker bestreut und mit der Schneemasse begießt. Die beiden Scheiben bäckt man im offenen Backrohr bei sehr geringer Hitze 1 Stunde und läßt sie eine weitere halbe Stunde im lauwarmen Backofen trocknen.

Dann bereitet man eine Buttercreme mit Schokolade oder Kaffee (s. S. 167), mit der man eine der gebackenen Scheiben bestreicht. Man deckt die zweite gebackene Scheibe ohne Papier darüber und dekoriert die Oberseite mit Creme, die man mit einer Spritztüte aus starkem Pergamentpapier mit einer gezackten Öffnung aufspritzt.

Dreikönigskuchen

(Galette des Rois)

Man bereitet einen Blätterteig nach Anweisung auf S. 11, den man 1 cm dick ausrollt und in Tellergröße ausschneidet. Man bepinselt ihn mit einem mit etwas Wasser verquirlten Eigelb und vergißt nicht, an einer Stelle im Teig eine weiße Bohne oder ein Püppchen aus Porzellan zu verstecken. Wer dies findet, wird ›König‹!

Marie-Françoise-Kuchen

(Galette Marie-Françoise)

2 Tassen Mehl, 1 Tasse frische Sahne, 1 nußgroßes Stück Butter, 8 EL Puderzucker, 1 Prise Salz, 1 Eigelb

Man häuft das Mehl in einer Terrine auf und macht oben eine Vertiefung, in die man Salz und Zucker und die leicht geschlagene Sahne und dann weiche Butter gibt, und knetet dann von der Mitte aus den Teig. Man rollt ihn 1 cm dick aus und kleidet eine gebutterte Tortenform damit aus. Man bepinselt die Oberfläche mit etwas mit Wasser verquirltem Eigelb, zeichnet mit einer Gabel ein Rautenmuster auf die Oberseite und läßt im heißen, vorgeheizten Backofen 15 Minuten backen. Dieser Kuchen wird lauwarm mit Schlagsahne oder Konfitüre gegessen.

Kongo-Kuchen

(Gâteaux congolais)

6–7 EL Mehl, 3 EL Zucker, 60 g Mandeln, 40 g geraspelte Kokosnuß (2 Scheiben), 4 Eier

Man schält die Mandeln, indem man sie kurz in kochendes Wasser legt und die Haut abstreift. Dann zerstampft man sie mit dem Zucker im Mörser oder mahlt sie in der Mandelmühle.
Nun reibt man geraspelte Kokosnuß mit Zucker und Mandeln, vermischt die Masse mit den geschlagenen Eigelb, gibt das Mehl dazu und zuletzt die zu steifem Schnee geschlagenen Eiweiß. Dann buttert man kleine Törtchenformen von 6–8 cm Durchmesser aus, füllt sie löffelweise mit dieser Teigmasse zu drei Vierteln voll und läßt sie im schwach geheizten Backofen etwa 15 Minuten backen.

Baskischer Kuchen

(Gâteau basque – für 8–10 Personen)

Für den Teig: 250 g Mehl, 1 Ei, 125 g Puderzucker, 250 g Butter, 1 Msp Salz, die Schale einer Zitrone oder 1 EL guter Rum – *Für die Creme:* 1/2 l Milch, 2 ganze Eier, 1 Eigelb, 150 g Zukker, 100 g Mehl, 100 g geschälte und feingehackte Mandeln, 1–2 EL Butter

Zunächst bereitet man den Teig, indem man auf dem Backbrett das Mehl aufhäuft, oben eine Vertiefung eindrückt, in die man das mit dem Zucker geschlagene Ei, Salz und ein beliebiges Aroma (Rum oder Zitronenschale) und die schaumig gerührte Butter dazu fügt. Man darf diesen Teig nicht zu sehr verkneten und sollte ihn besser am Vorabend machen und über Nacht ruhen lassen. Für die Creme verschlägt man die Eier mit dem Zucker, gibt das Mehl und die kochende Milch dazu, nachdem man mit geriebener Zitronenschale oder Rum aromatisiert hat. Dann fügt man die feingehackten Mandeln hinzu und läßt alles zusammen fünf Minuten kochen. Man läßt die Creme erkalten und gießt etwas zerlassene Butter darüber, damit sich keine Kruste bildet. Am nächsten Tag rollt man den Teig aus, wobei man genügend davon für den Deckel beiseite legt. Mit dem Teig legt man eine runde Kuchenform mit ziemlich hohem Rand aus, wobei der Boden etwa 2 cm dick sein sollte, dann sticht man den Teigboden mit der Gabel mehrmals an, gießt die Creme darüber, die ziemlich fest sein soll, und deckt mit einem Teigdeckel zu, den man mit den Teigrändern fest verknetet. Obenauf zeichnet man mit einer Gabel ein Rautenmuster und sticht ein paarmal ein, bepinselt mit verkleppertem Eigelb und läßt im schwach geheizten Backofen 1 3/4 bis 2 Stunden langsam backen.

Kleine bretonische Küchlein

(Petits gâteaux bretons)

Mit dem Teig für bretonischen Kuchen (S. 33) kann man auch kleine Küchlein backen. Man rollt ihn dazu etwas dünner aus, sticht mit einem Weinglas kleine Küchlein aus, die man mit Eigelb bestreicht und bei lebhafter Hitze 15 Minuten auf einem gebutterten Backblech bäckt.

Klassischer Kuchen mit Konfitüre

(Gâteau classique au confitures)

Für den Teig: Man kann den Genueser Teig (s. S. 81), den Mousselinekuchen oder den Vier-Viertelkuchen (s. S. 75 und S. 82) verwenden – *Für die Garnitur:* 3 EL Rum oder Kirschwasser, 2 EL Johannisbeergelee, 2 EL Aprikosenmarmelade, 1 Eiweiß, etwas Zitronensaft, 4 EL Puderzucker, einige kandierte Früchte

Ist der Teig gebacken und erkaltet, beträufelt man ihn mit etwas mit Wasser verdünntem Rum und zerschneidet den in einer runden Kuchenform gebackenen Teig quer in drei gleich dicke Scheiben. Auf die eine streicht man eine Schicht Aprikosenmarmelade, darauf legt man die zweite Teigscheibe, die man mit Johannisbeergelee bestreicht und mit der dritten Scheibe zudeckt. Den ganzen Kuchen bestreicht man mit etwas verdünnter Aprikosenmarmelade und glasiert ihn dann mit einer Zuckerglasur. Dazu schlägt man das Eiweiß ziemlich lange – aber nicht steif –, gibt etwas Rum und Zitronensaft und schließlich den Puderzucker dazu, bestreicht die Oberseite und die Seiten des Kuchens damit und stellt ihn vor den offenen geheizten Backofen, damit die Glasur schnell fest und glänzend wird. Man kann die Glasur mit einigen kandierten Kirschen oder in Streifen geschnittener, kandierter Engelswurz symmetrisch dekorieren.

Torte zur Taufe

(Gâteau monté pour baptème)

Grundteig: Sand- oder Zuckerteig (Seite 15) – *Biskuitteig:* 250 g Mehl, 200 g Butter, Vanille oder 1 Likörglas Kirschwasser – *Creme:* 1/2 l Milch, 3 Eier, 2 EL Mehl, 3 große EL Puderzucker – *Garnitur:* 500 g Puderzucker, 1/8 l Wasser, etwas Zitronensaft, 100 g hellblaue oder rosa Mandeldragees und eine kleine Handvoll silberne Dragees

Um diese kunstvolle Torte zuzubereiten, braucht man zwei Charlottenformen von verschiedener Größe. Zunächst bereitet man einen Sand- oder Zuckerteig (s. S. 15), aus dem man eine runde Scheibe von der Größe eines Dessertellers ausschneidet und im mittelheißen Backofen gar bäckt. Inzwischen gibt man in eine Kasserolle den Zucker mit den ganzen Eiern und schlägt diese Mischung auf möglichst schwacher Hitze so lange, bis die Masse ihr Volumen verdoppelt hat, nimmt sie dann vom Feuer und schlägt sie bis zum Erkalten weiter, gibt die zerlassene, nicht zu heiße Butter dazu und dann das Mehl. Dieser Teig muß möglichst schnell zubereitet werden, damit er leicht und locker bleibt. Man gießt ihn in die gut ausgebutterten und mit Mehl bestreuten Charlottenformen und läßt die Kuchen im mittelvorgeheizten Backofen backen. Sind sie gar, schneidet man sie jede der Hälfte nach waagrecht durch und garniert die Scheiben mit Konditorcreme mit Vanille- oder Kirschwassergeschmack (s. S. 169).

Torte zur Taufe

Dann setzt man den größeren Kuchen auf den Boden von Sand- oder Zuckerteig, wo man ihn mit etwas Eiweiß oder Konfitüre festklebt. Darauf setzt man die zwei ebenfalls mit Creme oder Konfitüre gefüllten Hälften des kleineren Kuchens oben drauf und begießt alles mit einer Zuckerglasur (s. S. 19), die man mit kleinen silbernen Dragees und mit Dragees in Rosa oder Hellblau dekoriert.
Den Rand zwischen dem oberen, kleineren Kuchen und dem unteren, größeren kann man mit eng nebeneinandergelegten Dragees betonen.

Hochzeits-Torte

(Gâteau monté de mariage)

Je nach der Größe, die man dieser Torte zu geben wünscht, besorgt man sich zwei oder drei runde Biskuitteigformen, und eine Charlottenform.

Zunächst bereitet man einen Sand- oder Zuckerteig, den man ausrollt und aus dem man mittels eines aufgelegten Desserttellers eine runde Grundscheibe ausschneidet, die man auf einem gebutterten Backblech bäckt.

Inzwischen bereitet man einen Biskuitteig, wie für die Torte zur Taufe (s. S. 36), wobei man die verwendeten Mengen je nach der Größe, die der Hochzeitskuchen haben soll, vermehrt.

Hat man nun die zwei oder drei Biskuitteigformen mit der entsprechenden Teigmenge gefüllt und gebacken, so legt man die größte auf den Untergrund aus Sand- oder Zuckerteig, wobei man sie mit etwas Eiweiß oder Konfitüre festklebt und sie dann horizontal ein- oder zweimal durchschneidet, was man mit den kleineren gebackenen Biskuitteigscheiben ebenso macht, die man abwechselnd mit Konfitüre und Konditorcreme aufeinanderklebt, wobei die Creme mit Maraschino oder Kirschwasser parfümiert wird. Dann setzt man die Kuchen aufeinander, wobei man jeweils auf das große das kleinere Stück und das noch kleinere setzt und mit Creme oder Konfitüre festklebt. Man überzieht den ganzen Aufbau mit einer kalten Glasur (s. S. 19) und schmückt die Fondantglasur mit kandierten Veilchenblüten.

Kuchen aus hartgekochten Eiern

(Gâteau d'oeufs durs)

5 hartgekochte Eigelb, 150 g Butter, 150 g Zucker, 1/2 Südweinglas Maraschino oder Rum, 200 g Löffelbiskuit

Dieser Kuchen wird nicht gebacken!

Man verarbeitet die zerdrückten hartgekochten Eigelb mit der schaumig gerührten Butter und dem Zucker zu einer dicken Creme, die man mit Maraschino oder Rum glattrührt. Dann legt man eine Kuchenform mit gebuttertem Pergamentpapier aus, legt auf den Boden eine Schicht Löffelbiskuits, darauf eine Schicht Creme und abwechselnd so weiter, bis man mit einer letzten Cremeschicht aufhört. Man stellt die Form 2–3 Stunden in den stark eingestellten Kühlschrank. Zum Anrichten taucht man die Form einen Augenblick in sehr heißes Wasser und kann dann den Kuchen auf eine Platte stürzen.

Osterkuchen

(Gâteau de Pâques)

Biskuitteig (s. S. 36), 2 EL Anisette oder Kirschwasser – *Creme:* Konditorcreme mit Vanillegeschmack (s. S. 169) – *Garnitur:* in Milch gekochte Eier (s. S. 170) ohne Creme, oder 6–7 halbierte Meringuen – 3 EL Glasurzucker, etwas Speisefarbe, 1 Zweig kandierte Engelswurz

Osterkuchen

Zunächst bereitet man einen Biskuitteig (s. S. 36), mit dem man eine gut gebutterte Savarinform (oder Gugelhupfform) auslegt und den man im mäßig heißen Backofen eine gute halbe Stunde bäckt. In der Zwischenzeit bereitet man eine Konditorcreme mit Vanillegeschmack (s. S. 169), die man erkalten läßt. Ebenso läßt man den Kuchen kalt werden, ehe man ihn aus seiner Form stürzt. Dann bereitet man mit steif geschlagenem Eiweiß in kochender gezuckerter Milch Schneeballen (s. S. 170) ohne Creme, die man gut abtropfen läßt. Hat man genügend Zeit, macht man anstelle der Schneeballen Meringuen, die man halbiert und die wie Ostereier aussehen sollen.

Dann richtet man diese Schneeballen oder halben Meringuen oben auf dem mit der Konditorcreme überzogenen Kuchen an, während man die Ränder des Kuchens mit rosa oder grün gefärbter Glasur überzieht und alles mit einigen kandierten Kirschen und etwas kandierter Engelswurz garniert.

Kuchen von Pithiviers

(Gâteau de Pithiviers)

Blätterteig (Seite 11), 1 Eigelb – *Mandelcreme:* 1 Tasse Mandeln, 1 EL Orangenblütenwasser, 1 Tasse Puderzucker, 2 nußgroße Stücke Butter, 1 TL Vanillepulver, 1 Eiweiß

Man bereitet nach Rezept den Blätterteig, dem man noch 1 Eigelb zufügt, und die nachstehend beschriebene Creme: Man hackt die geschälten Mandeln möglichst fein und zerstampft sie dann im Mörser unter Zusatz von Orangenblütenwasser und Eiweiß zu einer glatten Paste. Dann gibt man den Puderzucker und Vanillepulver dazu und die schaumig gerührte Butter. Ist die Creme ganz gleichmäßig, läßt man sie einige Zeit ruhen. Inzwischen schneidet man aus dem auf 1/2 cm ausgerollten Blätterteig zwei gleich große runde Scheiben, legt die eine auf ein gebuttertes Backblech, gibt darauf die Creme, deckt mit der anderen Scheibe zu und verkneift die beiden Blätterteigscheiben an den Rändern, wobei man sie mit etwas Eiweiß oder Wasser verklebt. Auf den Deckel zeichnet man mit einem Messer ein Rautenmuster und ritzt den Rand rund mit einer Gabel ein, bepinselt den Deckel mit in etwas Zuckerwasser aufgelöstem Eigelb und bäckt diesen Mandelkuchen im heißen Backofen 15–20 Minuten.

Provençalischer Kuchen

(Gâteau provençal)

8 EL feines Olivenöl, 8 EL Puderzucker, 10 EL Mehl, 3 ganze Eier, 1 Paket Backpulver, 1 Prise Salz – *Garnitur mit Schokoladenglasur:* 2 Rippen Kochschokolade, 1 EL Puderzucker, 1 nußgroßes Stück Butter

Man rührt den Zucker so lange mit den Eiern, bis er sich ganz aufgelöst hat. Dann gibt man Mehl und Öl, Backpulver und Salz dazu. Nun buttert man einen Kochtopf aus, gibt den Teig hinein, deckt den Deckel darauf und läßt ihn bei kräftiger Hitze 30 bis 35 Minuten backen. Dann stürzt man den Kuchen und überzieht ihn mit einer Schokoladenglasur (s. S. 19).

Weicher Kuchen von Pithiviers

(Moelleux de Pithiviers)

150 g Mandeln, 150 g Zucker, 2 Eier, getrennt, 75 g Butter, 1 TL Vanillepulver – *Garnitur:* 3 EL Puderzucker, etwas Eiweiß und Wasser, 1 EL Kirschwasser, eine Handvoll kandierte Früchte (Kirschen, Engelswurz, Zitronat)

Man vermengt die Eigelb mit Zucker und Vanillepulver, rührt gut durch und arbeitet dann die in einer gewärmten Schüssel schaumig gerührte Butter darunter. Dann zerkleinert man die – je nach Geschmack geschälten oder auch nicht geschälten – Mandeln in einer Mandelmühle, gibt sie zu den Eiern und hebt schließlich die zu steifem Schnee geschlagenen Eiweiß darunter. Man buttert eine runde Kuchenform mit Rand gut aus, gibt den Teig hinein und läßt ihn im schwach geheizten Backofen 15–20 Minuten backen.

Ist der Kuchen erkaltet, bestreicht man ihn mit einer Glasur, die man aus Puderzucker, mit etwas Wasser und Kirschwasser und notfalls mit etwas verquirltem Eiweiß geschlagen hat.

Ist die Glasur fest geworden, dekoriert man den Kuchen mit den kandierten Früchten. Dieser Kuchen ist eine Spezialität von Pithiviers und hat gegenüber dem zuerst beschriebenen Blätterteigkuchen den Vorteil, daß er sich einige Tage hält.

Jalousie

Die gleichen Zutaten wie für den Dartois (s. S. 28), wobei man aber statt der Frangipanecreme Johannisbeergelee oder noch besser Himbeerkonfitüre mit Kernen verwendet – 1 Eigelb, 2–3 EL Kristallzucker

Man bereitet einen Blätterteig wie für den Dartois, streicht aber zwischen jede Teigschicht Johannisbeergelee oder Himbeerkonfitüre. Auf die oberste Blätterteigschicht zeichnet man kein Muster, sondern macht kleine senkrechte Einschnitte über die ganze Länge des Kuchens, bestreicht die Oberseite mit in etwas Wasser aufgelöstem Eigelb und läßt den Kuchen im heißen Backofen 15–20 Minuten backen. Dann schneidet man die einzelnen Schnitten quer ab und garniert sie an den Schnittflächen mit etwas Kristallzucker.

Kuchen aus dem Poitou

(Galette poitevine)

500 g Mehl, 250 g Zucker, 200 g Butter, 2 EL Orangenblütenwasser, 1 TL Salz, 1 Eigelb

Dieser Kuchen spielt bei allen Familienfestlichkeiten im Poitou eine große Rolle.
Man häuft das Mehl auf, macht in der Mitte eine Vertiefung, in die man die leicht geschmolzene Butter, den Zucker, Salz und das Orangenblütenwasser gibt. Daraus knetet man von der Mitte aus einen Teig, den man mehrmals kräftig auf das Backbrett schlägt und dann einige Zeit ruhen läßt. Man gibt ihn in eine runde Kuchenform, die man gut gebuttert hat, bepinselt die Oberfläche mit etwas mit Wasser verdünntem Eigelb, zeichnet mit einer Gabel ein Muster auf die Oberfläche und läßt den Kuchen bei mäßiger Hitze 15 bis 20 Minuten backen.

Sabine-Kuchen

(Gâteau Sabine – für 1 Kind)

2 Eier, 2 große Rippen Kochschokolade, 3 EL Mehl, 1/2 Paket Backpulver, 100 g frische Butter, 2 EL Zucker *–Für die Glasur:* 1 EL Kakao, 1 EL Puderzucker, 1 nußgroßes Stück Butter – 1 EL Mandeln

Man schlägt den Zucker sorgfältig mit den Eigelb schaumig, bis er sich ganz aufgelöst hat. Dann läßt man die Schokolade mit sehr wenig Wasser schmelzen, mischt die Butter darunter, rührt alles kräftig durch, fügt dann das Mehl, das Backpulver und die zu steifem Schnee geschlagenen Eiweiß dazu, legt eine gebutterte Kuchenform mit gebuttertem Pergamentpapier oder mit Alufolie aus, gießt den Teig hinein und läßt ihn bei schwach geheiztem Backofen eine halbe Stunde backen, wobei man darauf achtet, daß der Teig zwar gar aber nicht hart wird. Dann nimmt man den Kuchen aus der Form und legt ihn auf eine Salatplatte. Nun rührt man aus Kakao mit sehr wenig Butter und Puderzucker eine cremige Glasur und streicht sie mit einem erhitzten Messer auf dem Kuchen glatt, schält die Mandeln, die man leicht anrösten läßt, und streut sie rasch über den glasierten Kuchen.

Erfolgskuchen

(Gâteau Succès)

8 EL Mandeln, 8 EL Puder- oder Grießzucker, 3 gestrichene EL Stärkemehl, 3 Eiweiß – *Für die Buttercreme:* 2 Eigelb, 10 EL Puderzucker, 100 g frische Butter

Um diesen Kuchen sehr schnell zuzubereiten, braucht man zwei oder drei Kuchenformen gleicher Größe mit einem Durchmesser von 8–10 cm, damit man die Platten des Erfolgskuchens etwa zur gleichen Zeit backen kann.

Man hackt zunächst die Mandeln, ungeschält, dann treibt man sie durch eine Mandelmühle, gibt den Puderzucker dazu, dann das Mehl und die leicht angewärmte (aber nicht geschmolzene) Butter. Ist dies alles glatt gerührt, hebt man den steif geschlagenen Eischnee vorsichtig darunter, wobei man darauf achtet, daß der Teig nicht zu flüssig wird, er muß geschmeidig sein, aber Form behalten. Dann buttert man zwei runde Kuchenplatten aus, füllt sie mit $^2/_3$ des Teigs und läßt sie bei offenem Backrohr in mäßiger Hitze 20 bis 30 Minuten backen. Dann bäckt man den restlichen Teig in derselben Weise. Sind die Scheiben genügend abgekühlt, legt man sie aufeinander und verbindet sie mit einer dicken Schicht Buttercreme. Dafür schlägt man die Eigelb mit dem Zucker und der frischen Butter schaumig. Man kann diese Creme durch Beifügen von etwas Kirschwasser oder Vanillezukker aromatisieren. Die Pralinencreme (s. S. 167) eignet sich ebenfalls für diesen Kuchen.

Glasierte Tausendblätterschnitten

(Millefeuilles glacées)

Man bestreicht in diesem Fall nur die inneren Schichten Blätterteig mit Konditorcreme, die man mit Rum oder Vanille aromatisiert. Statt die Oberseite mit Puderzucker zu bestreuen, bereitet man mit ein paar Tropfen Wasser, Puderzucker, einigen Tropfen Kirschwasser und Zitronensaft eine Glasur, die man sorgfältig aufstreicht. Auch hier schneidet man mit einem Sägemesser Schnitten ab, die man mit kandierten Früchten, Engelswurz, Orangeat etc. dekorieren kann.

Die Mandarine

(Les mandarins)

7 EL Mandeln, 225 g Zucker, 1 EL Hafermehl oder Stärkemehl, 4 Eiweiß, 1 EL Kirschwasser oder Rum, 2 Tropfen grüne Speisefarbe, 1 nußgroßes Stück Butter, einige kandierte Kirschen

Man schält die Mandeln, zerquetscht sie zusammen mit dem Zukker (3 EL zurückbehalten) im Mörser oder treibt sie durch die Mandelmühle, gibt das Mehl und dann zwei Eiweiß dazu. Daraus knetet man einen festen Teig, aus dem man kleine Kugeln formt, die man etwas abflacht und in der Mitte leicht eindrückt, damit sie die Creme aufnehmen können. Man bäckt sie 20 Minuten im schwach geheizten Backofen auf gebuttertem Papier.
Dann nimmt man die Stücke aus dem Ofen, glasiert den Rand mit einer Glasur aus 2 EL Puderzucker, den man mit Kirschwasser oder Rum verrührt und mit etwas Farbe grün gefärbt hat.

Die Mandarine

Jetzt bereitet man eine Meringue-Creme, wobei man zwei Eiweiß mit dem restlichen Puderzucker in einem emaillierten Topf oder einer Pfanne in der Nähe des Feuers zu steifem Schnee schlägt, der durch die Wärme ganz fest werden muß. Zum Schluß gibt man einen TL Kirschwasser und einen Tropfen grüne Speisefarbe dazu. Man häuft diese Creme auf die kleinen Kuchen und krönt sie mit je einer kandierten Kirsche.

Baisers oder Meringuen

(Meringues)

4 Eiweiß, 2 Tütchen Vanillezucker, 100 g Puderzucker, 1 Prise Salz, etwas Zucker

Man schlägt die Eiweiß zu einem sehr festen Schnee und hebt Zucker und Vanille und das Salz sehr vorsichtig darunter. Diesen Teig legt man mit einem EL auf Pergamentpapier, das man mit Zucker bestreut und mit dem man ein gebuttertes Backblech ausgelegt hat, und läßt diese Häufchen bei sehr schwacher Hitze und offenem Backofen mindestens 1 Stunde backen.
Sind die Meringuen fest geworden, löst man sie mit einem Messer vom Papier, drückt sie auf ein ganzes Ei, um ihnen eine Vertiefung zu geben, oder drückt diese Vertiefung mit dem Finger ein und läßt sie weiter im ganz schwach geheizten Backofen mehr trocknen als backen. Man kann sie auch auf einer Metallplatte auf einem Zentralheizungskörper trocknen, wobei man sie mit einer Schüssel oder tiefen Platte abdeckt.

Meringuen mit Schlagsahne

(Meringues à la Chantilly)

Zutaten wie im vorstehenden Rezept – *Zur Füllung:* 3 EL Schlagsahne, 1 EL Puderzucker, 1 TL Vanillezucker

Man setzt von den wie im vorstehenden Rezept zubereiteten Meringuen je zwei Stück mit Schlagsahne zusammen, die man steif geschlagen und mit Zucker und Vanillezucker gesüßt hat.

Meringuen mit Johannisbeeren

(Meringues à la groseille)

Für die Füllung vermischt man hier die steif geschlagene, gezukkerte Schlagsahne mit 1 EL Johannisbeergelee und verfährt wie vorstehend angegeben.

Meringuen mit Buttercreme
(Meringues à la crème au beurre)

Meringuen wie S. 45 – Buttercreme mit Schokolade, Vanille oder Kaffee (s. S. 167)

Man verbindet je zwei Meringuen mit gut gekühlter Buttercreme nach Rezept, wobei man sie leicht zusammendrückt, damit ein Streifen Creme sichtbar wird. Man kann diesen Rand auch mit einer Bordüre aus Buttercreme verzieren, die man mit einer Spritztüte aufspritzt.

Meringuen mit Pistazien
(Meringues à la pistache)

Meringuen wie in den vorstehenden Rezepten – *Für die Füllung:* Schlagsahne, 1–2 EL Puderzucker, 1 EL feingehackte Pistazienkerne, 1 EL Kirschwasser oder Maraschino, etwas grüne Speisefarbe

Zur Füllung der fertig gebackenen Meringuen, von denen man entweder zwei und zwei mit der Creme zusammenklebt oder sie halbiert und die Hälften zusammensetzt, vermengt man steif geschlagene gezuckerte Schlagsahne mit feingehackten Pistazienkernen und etwas grüner Speisefarbe sowie 1 EL Kirschwasser (oder Maraschino).

Kleine Marcellins
(Petits Marcellins)

Für den Teigboden: 200 g Mehl, 100 g Puderzucker, 1 Ei, 2 nußgroße Stückchen Butter, 1 EL Rum oder Kirschwasser – *Für den Hauptteig:* 80 g Mandeln, 200 g Puderzucker, 1 EL Hafermehl oder Stärkemehl, 2 Eier, getrennt, 1 EL Kirschwasser, Curaçao oder Anisette

Man bereitet zuerst den Grundteig, indem man das Ei mit dem Puderzucker schaumig schlägt, dann gibt man die im Wasserbad geweichte Butter, dann den Rum oder das Kirschwasser dazu und

zum Schluß das Mehl. Daraus knetet man einen festen Teig, den man mehrere Stunden oder über Nacht ruhen läßt. Diesen Teig rollt man dann sehr dünn aus und legt damit kleine, tiefe gebutterte Törtchenformen aus.
Die Mandeln werden geschält und mit Anisette, Kirschwasser oder Curaçao und etwas Zucker im Mörser oder im Mixer zu einer Paste zerstampft. Nun schlägt man die Eigelb mit dem Zukker schaumig (3 EL Puderzucker zurückbehalten), fügt die Mandelpaste und dann das Hafer- oder Stärkemehl dazu und schließlich die beiden geschlagenen Eiweiß. Mit dieser Masse füllt man die mit Teig ausgelegten Törtchenformen, stäubt 3 EL Puderzucker darüber, der beim Backen eine Kruste bildet, und läßt die Törtchen im schwach geheizten Backrohr 20 bis 30 Minuten bakken.

Tausendblätterschnitten
(Millefeuilles)

Blätterteig (s. S. 11) – *Füllung:* Konditorcreme (s. S. 169) – 1 Tasse Puderzucker für die Glasur, kandierte Kirschen

Man bereitet einen sehr lockeren Blätterteig, rollt ihn ganz dünn aus (höchstens 1/2 cm) und schneidet ihn mit einem scharfen Messer in mehrere Streifen von etwa 10 cm Breite, wobei man mit der Messerspitze mehrfach in den Teig sticht, damit er sich beim Backen nicht aufbläht. Dann läßt man diese Streifen auf einem gebutterten und mit Mehl bestäubten Backblech 15 bis 20 Minuten backen.
Man läßt die Streifen kalt werden und bestreicht einen davon mit einer dicken Schicht Konditorcreme, auf diese legt man einen zweiten Streifen, den man gut andrückt und darauf wieder Creme streicht – und so fort. Den Abschluß bildet eine Cremeschicht.
Auf diese Deckschicht gibt man eine dicke Schicht Puderzucker und schneidet dann mit einem scharfen Sägemesser etwa zwei fingerbreite Schnitten ab, die man mit einer kandierten Kirsche verzieren kann. Statt nur Konditorcreme zur Füllung zu verwenden, kann man auch jede zweite Schicht aus Johannisbeergelee oder Aprikosenmarmelade aufstreichen.

Mokkatorte

(Moka)

Für den Teig: 3 Eier, 100 g Puderzucker, 100 g Stärkemehl, 1 Päckchen Vanillezucker – *Für die Creme:* 125 g frische Butter, 1 Eigelb, 100 g Zucker, 1 TL Kaffee-Essenz oder in etwas Wasser aufgelöster Pulverkaffee – *Für die Garnitur:* 2 EL Kristallzucker, 2 EL Mandeln

Für den Teig trennt man Eigelb und Eiweiß und schlägt die Eigelb mit Zucker und Vanille sehr schaumig, dann gibt man nach und nach das Stärkemehl dazu und die zu steifem Schnee geschlagenen Eiweiß. Dann buttert man eine möglichst viereckige Tortenform aus, die man mit Mehl bestäubt, gibt den Teig hinein und läßt ihn im mittelwarmen Backofen eine halbe Stunde backen. Ist der Biskuitteig gar, läßt man ihn erkalten, löst ihn aus der Form und schneidet ihn dann mit einem scharfen Sägemesser horizontal in drei Schnitten. Inzwischen bereitet man eine Buttercreme mit Kaffee (s. Seite 166) und schlägt sie, bis sie vollständig kalt geworden ist. Man kann zu diesem Zweck die Schüssel in eine größere Schüssel setzen, die mit kaltem Wasser oder Eiswasser gefüllt ist. Auf jede Scheibe des geteilten Biskuitteiges gibt man eine Schicht Buttercreme, setzt die Torte zusammen und bestreicht die Oberseite und die Seiten mit der restlichen Creme, bestreut die Seiten mit Kristallzucker und gehackten, gerösteten Mandeln und dekoriert die Oberseite mittels einer kleinen Spritztüte mit Buttercreme.

Gewürzkuchen

(Pain d'épice)

500 g Mehl, 2 EL brauner Rohrzucker, 1 TL Backpulver, 1 Glas Wasser oder Milch (ca. 1/5 l), 3 Körner grüner Anis oder eine Prise Zimt, 1 TL feines Salz

Man verarbeitet alle Zutaten zusammen und läßt den Teig etwa 1 Stunde lang aufgehen. Dann gibt man ihn in eine gebutterte Kastenform und bäckt ihn bei geringer Hitze 1 1/2 Stunden.

Mandelschaumtorte
(Mousseux Amandine)

125 g Mehl oder Stärkemehl oder beide gut vermischt, 50 g Butter, 125 g Zucker, 5 Eier, 1 Handvoll Mandeln, 1 Prise Ingwerpulver, 1 Prise Zimt, 1 Päckchen Vanillezucker, 1 EL Puderzucker und 1 EL gehackte geröstete Mandeln

Man trennt die Eiweiß von den Eigelb und schlägt letzere mit dem Zucker so lange, bis sich dieser ganz gelöst hat und die Eigelb weißlich geworden sind. Dann fügt man die schaumig gerührte weiche Butter dazu sowie die zu steifem Schnee geschlagenen Eiweiß, die geschälten und geriebenen Mandeln und die Gewürze. Man buttert eine möglichst viereckige Form aus, gießt den Teig hinein und bäckt die Torte 45 bis 50 Minuten im schwach geheizten Backofen. Nach dem Erkalten nimmt man den Kuchen aus der Form, bestreut ihn mit Puderzucker, den man mit etwas Vanille aromatisiert hat, und bestreut ihn mit einigen geschälten Mandeln, die man im Backofen geröstet hat.

Visitandinen

125 g Mandeln, 125 g Puderzucker, 1 Päckchen Vanillezukker, 4 Eiweiß, 2 EL Mehl, 150 g sehr frische Butter

Man stampft die Mandeln, ohne sie vorher zu schälen, oder reibt sie in der Mandelmühle möglichst fein. Dann vermengt man sie mit Zucker und drei nicht geschlagenen Eiweiß, die man nacheinander untermischt. Man rührt den Teig mindestens 15 Minuten lang, dann erst mischt man das Mehl und den Vanillezucker unter, läßt die Butter in einer kleinen Kasserolle langsam schmelzen und braun werden und mischt sie dann unter den Teig, sobald sie etwas abgekühlt ist. Schließlich schlägt man das restliche Eiweiß zu Schnee und hebt es darunter. Dann füllt man gebutterte Schiffchenformen, sogenannte ›Barquettes‹, mit dem Teig und bäckt sie mit Inhalt ca. 15 Minuten.

Genueser Brot

(Pain de Gênes)

150 g Puderzucker, 125 g Butter, 100 g Mandeln, 3 Eier, 60 g Mehl, 1 Likörglas Kirschwasser

Man schält die Mandeln und zerstampft sie mit Zucker und Kirschwasser im Mörser oder treibt sie durch die Mandelmühle und gibt dann Zucker und Kirsch dazu.

Die Butter läßt man im Wasserbad ganz weich werden und gibt sie mit dem Zucker und den Mandeln in eine Schüssel. Die Eier arbeitet man eines nach dem anderen an die Masse, das folgende erst, wenn das vorhergehende ganz vom Teig aufgenommen ist. Den Abschluß bildet das Mehl. Dann buttert man den Rand einer runden, ziemlich flachen Kuchenform, deren Boden man mit gebuttertem Papier ausgelegt hat, gießt den Teig hinein und bäckt ihn im schwach geheizten Backofen 40 Minuten.

Vacherin (Meringuentorte)

Für den Teigboden: 1 Tasse Mehl, 1 Eigelb, 1 EL Puderzukker, 1 nußgroßes Stück Butter, 1 Prise Salz – *Für den Meringuenteig:* 5 Eiweiß, 500 g Puderzucker – *Für die Garnitur:* 125 g Schlagsahne, 2 EL Puderzucker, 1 TL Vanillemark oder 1 EL Maraschino oder Curaçao

Dieser berühmte Kuchen gehört eigentlich in das Fachgebiet der berufsmäßigen Konditoren, darf aber auch von einer geschickten Hausfrau in Angriff genommen werden, wenn sie einige Erfahrung im Backen besitzt. An sich ist seine Zubereitung nicht schwer, man muß lediglich auf die lange Backzeit und schwache Backhitze achten, die die Vorbedingung für das Gelingen ist. Zunächst bereitet man eine Tortenunterlage mit Sand- oder Zukkerteig (s. S. 15). Aus dem ausgerollten Teig schneidet man eine runde Scheibe von 1½ cm Dicke, die man im heißen Backofen bäckt.

In der Zwischenzeit schlägt man die Eiweiß mit dem Puderzucker zu einem möglichst steifen Schnee. Diesen streicht man auf drei bis vier runde Kuchenbleche vom Durchmesser der geplanten Torte und läßt sie bei offenem Backofen bei sehr geringer Hitze mindestens 1 Stunde eher trocknen als backen. Man kann in einem großen Backofen zwei Meringuenscheiben auf einmal nebeneinander ganz langsam backen.
In der Zwischenzeit schlägt man frische Schlagsahne mit etwas Zucker sehr steif und aromatisiert sie mit etwas Maraschino oder Curaçao. Nun setzt man vorsichtig die erkalteten Meringuenblätter übereinander auf die Sandteigplatte, wobei man zwischen jede Schicht etwas Schlagsahne füllt. Rand und Oberfläche der Torte werden ebenfalls mit Schlagsahne bestrichen (sehr sorgfältig verfahren!). Die Oberseite der Torte wird mit Hilfe eines Spritzbeutels mit der restlichen Schlagsahne hübsch dekoriert.

Brot aus Cherbourg

(Pain de Cherbourg)

950 g Mehl, 10 g frische Bäckerhefe, 1 Tasse lauwarmes Wasser, 1 TL feines Salz

Dies ist ein reines Bäckerrezept, das man aber auch im Haus leicht nachbacken kann!
Man löst die Hefe in lauwarmem Wasser auf, gibt das Salz dazu und vermengt es nach und nach mit dem Mehl. Hat man einen Teig geformt, knetet man ihn so lange, bis er ganz elastisch geworden ist, und schlägt ihn mehrmals mit aller Kraft auf das Backbrett. Dann läßt man diesen Teig in einer großen leicht ausgebutterten Schüssel mindestens 45 Minuten gehen, wobei man die Schüssel mit einem trockenen Tuch zudeckt, damit keine Zugluft an den Teig gelangt. Man läßt ihn dann in der Nähe des Küchenherdes oder eines Heizkörpers 2–3 Stunden zugedeckt aufgehen und formt daraus zwei Brotlaibe, die man im mittelheißen Ofen eine halbe Stunde bäckt. Dieses delikate Brot schmeckt besonders, solange es noch nicht ganz erkaltet ist, mit frischer Butter und Konfitüre.

Liebesbrunnen

(Puits d'amour)

Von diesem Gebäck gibt es zwei Sorten: Die eine ist eine Art Blätterteigpastete ohne Deckel, deren Ränder man mit etwas Eigelb gefärbt und die man mit Konfitüre gefüllt hat, die andere und bekanntere besteht aus Brandteig, mit einer karamelisierten Creme gefüllt:

Brandteig (s. S. 14), aber etwa nur die Hälfte der im Rezept angegebenen Mengen – *Für den Grundteig als Unterlage:* 125 g Mehl, 1 Eigelb, 1 EL Zucker, 50 g Butter, 1 Prise Salz – *Für die Creme:* Konditorcreme (Seite 169) – *Für den Karamelüberzug:* 6 Mokkawürfel Zucker, 1 EL Wasser – 1 Eigelb, Puderzucker

Man bereitet den Teig für die Unterlage, indem man das Eigelb mit Zucker schaumig schlägt und dann Salz, schaumig gerührte Butter und Mehl zusammenknetet. Ist der Teig zu trocken, kann man etwas Wasser dazugeben. Dann rollt man ihn 1/2 cm dick aus und sticht mit einer Tasse runde Stücke aus. Auf jede dieser Teigplatten spritzt man einen Rand von Brandteig auf, bestreicht das Ganze mit etwas in Wasser verquirltem Eigelb und gibt diese Formen in den mittelheißen Backofen. Vorher sticht man die Bodenplatten mit einer Gabel mehrmals an. Backzeit: 15 Minuten. Dann läßt man die Formen erkalten, bestreut sie mit Puderzucker und füllt sie mit Konditorcreme nach Rezept mit Rum- oder Vanillegeschmack und bedeckt die Mitte der Creme mit karamelisiertem Zucker.

Nönnchen

(Religieuses)

Für den Boden dieses Gebäcks bereitet man denselben Teig wie für das vorhergehende Rezept. Den Brandteig bereitet man ebenfalls nach Rezept (s. S. 14), ebenso die Konditorcreme, die man teilt und deren eine Hälfte man mit Kaffee-Essenz, die andere mit Schokoladenpulver abschmeckt. Dazu kommt noch 1/2 Rezept Buttercreme.

Aus dem Knetteig, der sehr dünn ausgerollt werden muß, sticht man mit einer Tasse oder Törtchenform runde Scheiben aus, die man mit der Gabel ansticht und 8–10 Minuten bäckt.

Nönnchen

Inzwischen bereitet man einen Brandteig, den man mit einem EL in runden Häufchen auf ein Backblech setzt. Dazu setzt man mit einem TL ebensoviele kleinere Brandteighäufchen auf ein anderes Backblech. Man bäckt die Brandteighäufchen 15 bis 20 Minuten. Dann bereitet man nach Rezept (s. S. 169) eine Konditorcreme mit zwei verschiedenen Aromen (Kaffee und Schokolade), sowie etwas Buttercreme (s. S. 166 f.) und läßt alles erkalten. Man setzt auf jede Teigunterlage eine größere Brandteigkugel, schneidet sie mit einem Messer von der Seite her ein – aber nicht ganz durch – und füllt den Spalt mit Creme. Die kleineren Kugeln füllt man ebenfalls auf diese Weise mit verschiedenen Cremes. Diese kleinen Windbeutelchen setzt man oben auf die größeren und überzieht beides mit einer passenden Glasur – dadurch bleiben sie auch gleichzeitig haften. Diese ›Nönnchen‹ kann man noch mit einer Haube aus Buttercreme garnieren.

St.-Honoriustorte
(Saint-Honoré)

Für den Teigboden: 150 g Mehl, 1 Ei, 1 Prise feines Salz, 1 EL Zucker, 50 g Butter – *Für den Brandteig* (s. S. 14) – 2 Eigelb – *Für die Creme:* 1/2 l kochende Milch, 3 Eier, 1 EL Mehl, 1 Vanilleschote – *Für den Karamelüberzug:* 10 Stück Zucker, 1/2 Glas Wasser (ca. 1/10–1/8 l)

Man fängt mit der Zubereitung des Teigbodens an. Dazu schlägt man das Ei mit Zucker schaumig, fügt die weiche Butter dazu und schließlich Mehl und 1 Prise feines Salz. Daraus knetet man einen Teig, den man ruhen läßt, dann ausrollt und einen Boden von der Größe eines Kuchentellers aussticht. Nun bereitet man einen Brandteig (s. S. 14), mit dem man auf den Teigboden einen Rand aufspritzt, den man mit etwas Eigelb auf dem Teigboden festklebt. Die Torte wird im mittelheißen Backofen ca. 20 Minuten gebacken – nachdem man den Teigboden mit einer Gabel mehrfach angestochen hat. Aus dem restlichen Brandteig formt man etwa ein Dutzend kleine Windbeutelchen, die man mit in Wasser verdünntem Eigelb bepinselt und ebenfalls etwa 20 Minuten auf einem gebutterten Backblech bäckt.

In der Zwischenzeit bereitet man die Creme, entweder Schlagsahne, Zucker und etwas Vanille oder nach folgenden Angaben:

Man läßt 1/2 Liter Milch mit einer Vanilleschote aufkochen oder aromatisiert sie mit Kaffee-Essenz. Dann schlägt man die Eigelb mit Zucker schaumig, gibt etwas Mehl dazu und läßt die Mischung unter ständigem Umrühren so lange auf dem Feuer, bis sie anfängt einzudicken, gibt dann die zu steifem Schnee geschlagenen Eiweiß dazu und bringt diese Mischung unter ständigem Umrühren bis zum Kochen und läßt sie erkalten. Nun nimmt man die kleinen Windbeutel, taucht sie in das aus Zucker und etwas Wasser bereitete Karamel und setzt sie dann auf den Brandteigrand des Kuchens, wo man sie mit etwas heißem Karamel festklebt. Zum Schluß füllt man das Innere des Kuchens entweder mit Schlagsahne oder mit der Creme.

Gebackene Tulpen

(Tulipes fourrées)

Für 15–16 Tulpen: 125 g Zucker, 125 g Mehl, ca. 1/5 l Milch, 1 nußgroßes Stück Butter, 2 Eiweiß, 1 Stück Zitronenschale (ungespritzt), 1/2 Glas Kastaniencreme oder Aprikosenkonfitüre, 1 Tasse frische Sahne

Gebackene Tulpen

Man löst das Mehl in lauwarmer Milch auf, gibt die im Dampf erweichte Butter, Salz und abgeriebene Zitronenschale dazu. Ist der Teig schön gleichmäßig, hebt man die zu Schnee geschlagenen Eiweiß darunter. Der Teig muß dickflüssig bleiben. Davon läßt man ziemlich große, runde Scheiben auf ein gebuttertes Backblech fallen, die man im mittelheißen Backofen 5–10 Minuten bäckt. Dann bereitet man so viele Weingläser vor, wie man runde Teigscheiben hat, legt sie mit den weichen, warmen Teigscheiben aus und drückt den Teig mit einem feuchten Tuch an die Glaswand. Ist man geschickt genug, kann man den Rand der Teigscheiben wie Blütenblätter ausschneiden. Hat man so die Tulpen geformt, nimmt man sie aus den Gläsern und läßt sie in dieser Form erkalten. Dann garniert man jeden Teigbecher entweder mit Kastaniencreme oder Konfitüre und spritzt zum Abschluß eine Dekoration aus Schlagsahne obenauf, die man gut gezukkert hat.

Konfitürerolle

(Roulé à la confiture)

1 Ei, 2 große EL Puderzucker, 1 Prise feines Salz, 1/4 TL doppeltkohlensaures Natron oder 1/2 Paket Backpulver, 2 EL Mehl, 2 EL Johannisbeer- oder Aprikosenkonfitüre, 1 EL Hagelzucker

Man vermengt in einer Schüssel den Zucker mit dem Ei, dem Salz, dem Mehl und dem Backmittel. Ist der Teig schön glatt gerührt, streicht man ihn auf ein gebuttertes Backblech und bäckt ihn 5–6 Minuten im heißen Backofen. Von da an muß man sich sehr beeilen. Man nimmt den Biskuitteig aus der Form, bestreicht ihn schnell mit der Konfitüre, damit der Teig nicht fest werden kann, sondern sich rollen läßt. Man bestreut die Rolle mit Hagelzucker und schneidet sie, wenn alles erkaltet ist, in schräge Scheiben.

Schokoladenrolle

(Roulé au chocolat)

2 große Rippen Kochschokolade oder eine kleine Tafel, 2 Eier, 2 EL Mehl, 1 Paket Backpulver, einige Mandeln

Man läßt die Schokolade in sehr wenig Wasser schmelzen und hält sie warm.

Dann teilt man Eiweiß und Eigelb, wobei man die letzteren mit Zucker schaumig schlägt, bis der Zucker gelöst ist, gibt das Mehl, Backpulver und die zu Schnee geschlagenen Eiweiß dazu und gießt diesen Teig in eine viereckige flache Kuchenform und läßt den Teig im schwach geheizten Backofen backen, bis er anfängt, goldgelb zu werden. Dann nimmt man ihn aus der Form und legt ihn auf eine feuchte Serviette, damit man ihn rollen kann, gießt die heiße, geschmolzene Schokolade darüber und rollt alles sehr rasch zu einer Rolle zusammen. Man schmückt die Rolle mit gerösteten Mandelsplittern.

Kuchenbrot aus Blätterteig

(Pain complet)

Blätterteig (s. S. 11), Frangipanecreme (s. S. 166) – *Für die Garnierung:* 3 EL Puderzucker, 2 EL Mandeln, 1 Eiweiß

Der nach Rezept hergestellte Blätterteig wird 1 cm dick ausgerollt und zu zwei gleichgroßen runden Scheiben geschnitten. Man bereitet eine Frangipanecreme (s. S. 166), mit der man die unterste Blätterteigscheibe dick bestreicht. Dann deckt man die andere darüber, verkneift sie gut an den Rändern mit etwas kaltem Wasser und zeichnet mit der Gabel ein Rautenmuster darauf, bestreut den Kuchen mit 2 EL Puderzucker, den man mit etwas Zitronensaft und geschälten, fein zerdrückten Mandeln vermischt hat, und bäckt ihn im mäßig heißen Backofen eine halbe Stunde. Vor dem Anrichten bestreut man ihn mit 1 EL Puderzucker.

Obstkuchen (Tartes)

Aprikosenkuchen

(Tarte aux abricots)

Mürbteig (s. S. 12) – *Für die Garnitur:* 200 g Zucker, 250 g reife Aprikosen, 1 EL Aprikosenmarmelade oder Apfelgelee

Zunächst bereitet man einen Mürbteig nach Rezept, rollt ihn auf 1 cm Dicke aus und legt damit eine gut gebutterte Obstkuchenform aus. Man bäckt diesen Teig, den man, damit er sich beim Backen nicht wölbt, mit weißen Bohnenkernen belegt oder einfach mehrfach mit einer spitzen Gabel ansticht. Ist der Teig gar und schön goldgelb, belegt man ihn mit entkernten und halbierten Aprikosen. Dann bereitet man einen Zuckersirup, den man bis zur Perle kocht, und gießt ihn kochendheiß über die Früchte, die dadurch ihren frischen Geschmack behalten. Sind die Aprikosen noch zu hart, muß man sie einen Augenblick im Sirup mitkochen.
Haben sich die Früchte gut mit dem Sirup angesaugt, kann man sie mit einer Schicht Aprikosenmarmelade oder Apfelgelee überziehen, die man vorher im Wasserbad aufgelöst hat.

Apfelschaumkuchen

(Tarte meringuée)

Für den Teig: Mürbteig (s. S. 12) – *Für die Garnitur:* 200 g Äpfel (geschält und entkernt gewogen), 3 EL Zucker, etwas Vanillemark, 2–3 Eiweiß, 2 EL Puderzucker

Man füllt die Kuchenform mit dem Mürbteig und bäckt sie dann etwa 15 Minuten. Aus den Äpfeln kocht man ein Apfelpüree mit Zucker und etwas Vanille, das man erkalten läßt, bevor man den Kuchen damit ausstreicht.
Dann schlägt man die Eiweiß mit Puderzucker zu steifem Schnee und bedeckt den ganzen Kuchen mit einer Schicht dieser Masse und läßt sie bei offenem Backofen ganz langsam bräunen.
Man kann diesen Kuchen auch als Dessert warm servieren.

Elsässer Kuchen
(Tarte alsacienne)

250 g Obst (Äpfel, Birnen, Pflaumen, Aprikosen), 250 g Mehl, 125 g Butter, 1/2 Glas Wasser (ca. 1/8 l), 1 Prise Salz, 100 g Sahne, 1 Eigelb, 3 EL Puderzucker

Man bereitet zunächst einen Mürbteig, indem man die Butter mit dem Mehl verknetet und etwas Wasser und Salz dazugibt. Diesen Teig schlägt man mehrmals kräftig aufs Backbrett, damit er geschmeidig wird, und legt dann eine gebutterte Kuchenform damit aus. Dann belegt man den Teig mit den geschälten, entkernten und in Stücke geschnittenen Früchten und bäckt den Kuchen, aber nicht vollständig gar. Dann garniert man die Früchte mit einer Schicht frischer gezuckerter Sahne, die man mit einem Eigelb gebunden hat, und gibt den Kuchen nochmals in den Backofen zurück, bis der Rahmguß Farbe angenommen hat und gut in das Obst eingedrungen ist. Den Kuchen bestreut man mit Puderzukker und serviert ihn noch lauwarm als Dessert.

Weicher Pflaumenkuchen
(Tarte moelleuse aux prunes)

250 g Pflaumen, 200 g Mehl, 80 g Butter, 1/3 Glas Wasser (ca. 1/10 l), 2 Prisen Salz, 1 Tasse frische Schlagsahne, 2 Eigelb, 4 EL Zucker, 1 EL Puderzucker

Man bereitet einen Teig, den man nur leicht knetet: Zuerst vermengt man Mehl und Butter sowie Salz, dann gibt man das Wasser dazu, rollt diesen Teig zwei- bis dreimal aus und legt dann eine Obstkuchenform damit aus. Inzwischen bereitet man die Creme: Man vermischt in einer Schale die frische Sahne mit den Eigelb und Zucker, begießt damit den Kuchenboden und ordnet die halbierten oder geviertelten Pflaumen gleichmäßig auf dieser Unterlage so an, daß die Früchte nicht zu sehr von der Creme bedeckt werden. Man bestreut dann den Kuchen mit etwas Puderzucker und bäckt ihn im mittelheißen Backofen 30 bis 40 Minuten. Man kann den noch warmen Kuchen mit einem oder zwei EL Kirsch- oder Zwetschgenwasser übergießen.

Zitronenkuchen

(Tarte aux citrons)

Für den Mürbteig: 250 g Mehl, 200 g Butter, 1 TL feines Salz, 1/2 Glas Wasser (ca. 1/8 l) – *Für die Creme:* 3 ganze Eier, 2 Tassen Puderzucker, 90 g sehr frische Butter, Saft und Schale einer Zitrone

Man bereitet nach Rezept einen Mürbteig zu, den man eine halbe Stunde ruhen läßt. In der Zwischenzeit schlägt man die ganzen Eier mit dem Zucker in einer Schüssel schaumig. Ist die Mischung gründlich vermengt, gibt man sie mit der Butter in eine Kasserolle und rührt die Masse im Wasserbad cremig. Dann gibt man Zitronensaft und abgeriebene Zitronenschale dazu und läßt die Creme erkalten. Nun füllt man eine ausgebutterte Kuchenform mit dem Mürbteig, bestreicht diesen mit der Creme und läßt so lange backen, bis die Oberfläche sich bräunt, dann nimmt man den Kuchen heraus, denn die Zitronencreme darf nicht zuviel Farbe annehmen. Falls der Teig noch nicht genügend durchgebacken ist, deckt man die Form mit Alufolie ab und setzt sie noch eine Zeitlang bei Unter- oder Mittelhitze in den Ofen.

Himbeerkuchen

(Tarte aux framboises)

Für den Teig: Mürbteig (Seite 12) – *Für die Garnitur:* 200 g frische Himbeeren, 1 Tasse Zucker, 3 EL Johannisbeergelee, 1 Eigelb

Man legt eine gut gebutterte Kuchenform mit dem möglichst dünn ausgerollten Mürbteig aus, wobei man einen kleinen Rand hochzieht, den man mit einer Gabel einkerbt, und bepinselt diesen mit etwas in Wasser aufgelöstem Eigelb. Dann legt man ein Pergamentpapier auf den Boden der Teigform und belegt es mit weißen Bohnenkernen, die man nach der halben Backzeit entfernt. Ist der Teig goldgelb gebacken, belegt man ihn dicht mit den gewaschenen und geputzten Himbeeren und übergießt sie mit kochendem Zuckersirup. Nach dem Erkalten wird gelöstes Johannisbeergelee über die Früchte gestrichen.

Kirschkuchen
(Tarte aux cerises)

Für den Boden: Mürbteig (s. S. 12) – *Für die Garnitur:* 250 g sehr reife Kirschen, 2 EL Johannisbeergelee, 1 Eigelb, Zukker

Man legt eine runde Kuchenform mit Mürbteig aus und zieht ringsum einen kleinen Rand hoch, den man mit einer Gabel verziert. Man bepinselt diesen Rand mit etwas warm aufgelöstem Eigelb. Dann legt man die entkernten Kirschen nebeneinander dicht bei dicht auf den Boden des Kuchens, bestreut sie reichlich mit Zucker und bäckt den Kuchen 30 Minuten im heißen Backofen. Ist der Kuchen gut ausgekühlt, begießt man die Kirschen mit ausgelöstem Johannisbeergelee oder serviert Schlagsahne dazu.

Pflaumenkuchen
(Tarte aux prunes)

Dieser Kuchen wird genauso zubereitet wie der Kirschkuchen. Man bestreut ihn jedoch nach dem Backen mit reichlich Puderzukker statt mit aufgelöstem Johannisbeergelee.

Mirabellenkuchen
(Tarte aux mirabelles)

Mürbteig (s. S. 12) – *Für die Garnitur:* 250 g Mirabellen, 3 EL Zucker, 1 EL Aprikosenmarmelade

Man bereitet einen Mürbteig wie für den Kirschkuchen (Seite 61), legt eine gut gebutterte Kuchenform damit aus, dessen Rand man mit der Gabel verziert, und bäckt ihn – mit weißen Bohnenkernen belegt, damit der Boden flach bleibt. Ist der Teig schön goldbraun, entfernt man die Kerne und belegt den Boden möglichst dicht mit den entkernten Mirabellen. Man übergießt die Früchte mit einem kochenden Sirup und überstreicht ihn nach dem Abkühlen mit zerlassener Aprikosenmarmelade. Man kann die Mirabellen auch zusammen mit dem Teig backen, wodurch sie aber weniger ansehnlich werden.

Ananas-Kuchen

(Tarte à l'ananas)

Mürbteig (s. S. 12) – *Für die Garnitur:* 1 Schale Konditorcreme oder gestürzte Creme (s. S. 169), 5–6 Ananasscheiben aus der Büchse, 1 EL Curaçao oder Cognac, 2 EL Puderzukker, einige kandierte Kirschen, 1 Eigelb

Man legt eine ziemlich große Kuchenform mit Mürbteig aus und zieht die Ränder etwas hoch, modelliert sie mit einer Gabel und bestreicht sie mit in Wasser verdünntem Eigelb. Dann bäckt man den Teigboden, den man vorher mehrfach mit einer Gabel angestochen hat. Ist er schön goldgelb, belegt man den Boden mit einer Schicht Konditorcreme oder gestürzter Creme. In die Mitte des Kuchens legt man eine ganze Ananasscheibe und halbierte Scheiben ringsum, damit der Boden gleichmäßig und symmetrisch bedeckt ist.
Von dem Ananassaft läßt man ca. $^{1}/_{5}$ l auf $^{1}/_{10}$–$^{1}/_{8}$ l einkochen, verfeinert ihn mit etwas Curaçao oder Cognac und gießt diesen Sirup über die Ananasscheiben. Darüber legt man in die Mitte jeder Ananasscheibe eine kandierte Kirsche.
Verwendet man frische Ananas, schneidet man die Frucht in Scheiben und läßt sie in etwas gezuckertem Rum marinieren, bevor man den Kuchen damit belegt. Die abfallenden kleinen Ananasstückchen mischt man unter die Creme. Als Glasur muß man hier einen Zuckersirup bereiten, den man mit der Rummarinade vermischt und über den Kuchen gießt.

Pfirsichkuchen mit Creme

(Tarte aux pêches à la crème)

Man verfährt genau wie beim Ananaskuchen (s. oben), ersetzt aber die Ananas durch halbierte, geschälte Pfirsiche, die man auf Konditorcreme oder gestürzte Creme legt. Dann übergießt man den Kuchen mit einem Zuckersirup, den man etwas karamelisieren läßt, und gibt zum Schluß 1–2 TL Grand Marnier oder Brandy darüber.

Verkehrter Obstkuchen

(Tarte renversée)

200 g Mehl, 100 g Butter, 1 Prise feines Salz, etwas Wasser – *Für die Garnitur:* 100 g Puderzucker, 100 g Butter, 6 Äpfel, 1 Paket Vanillezucker

Man bereitet zunächst einen Blätterteig (s. S. 11), den man ruhen läßt. In der Zwischenzeit gibt man die Butter und den Zukker in eine saubere hochwandige Pfanne und läßt beides unter ständigem Umrühren schmelzen. Auf diese Masse legt man eine Schicht geschälter und entkernter, in dünne Scheiben geschnittener Äpfel und breitet darüber den ca. 1/2 cm dick ausgerollten Blätterteig aus, wobei man die Teigränder an den Seiten um die Äpfel herunterklappt.
Dies läßt man im sehr heißen Backofen 30 bis 45 Minuten bakken. Dann setzt man die Pfanne nochmals aufs Feuer, um Butter und Zucker karamelisieren zu lassen. Sobald der Zucker einen leichten Karamelgeruch verbreitet, stürzt man den Inhalt der Pfanne mit einer kräftigen Bewegung auf einen Teller.
Dieses Rezept ist keineswegs schwierig. Wer etwa ängstlich ist, sollte sich vor dem Stürzen der Pfanne den Unterarm mit einer Serviette umwickeln, damit er sich nicht mit dem Karamel und der heißen Butter verbrennt. Der ›verkehrte‹ Kuchen wird sofort mit Vanillezucker bestreut serviert. Er ist saftiger als der gewöhnliche Apfelkuchen.

Johannisbeerkuchen

(Tarte aux groseilles)

Für den Teig: Sandteig (S. 15) oder Mürbteig (S. 12) – *Für die Garnitur:* 150 g Johannisbeeren, gewaschen und entstielt, 2 Tassen Zucker – 1 Eigelb

Man bereitet den Teig je nach dem angegebenen Rezept. Ist er gebacken, richtet man die Johannisbeeren ganz dicht darauf an und übergießt sie mit einem zum Faden gekochten Sirup aus Zukker und wenig Wasser. Dieser Kuchen wird lauwarm serviert und dazu steif geschlagene, gut gezuckerte Schlagsahne gereicht.

Konditor-Obstkuchen

(Tarte pâtissière aux fruits)

Mürbteig (s. S. 12) – *Für die Garnitur:* entweder Konditorcreme (s. S. 169) oder gestürzte Creme (s. S. 170) – *Obst:* 200 g Aprikosen, 100 g Zucker

Man bereitet einen Mürbteig nach Rezept, rollt einen Teigboden aus, mit dem man eine gebutterte Obstkuchenform belegt, und bäckt ihn goldbraun. Ist er noch lauwarm, bestreicht man ihn entweder mit Konditorcreme oder gestürzter Creme, legt darauf die entkernten, halbierten Aprikosen und gießt dann einen kochenden Zuckersirup darüber, den man bei lebhafter Hitze leicht hat karamelisieren lassen.

Konditorkuchen mit Erdbeeren

(Tarte pâtissière aux fraises)

Man verfährt wie im vorhergehenden Rezept, belegt jedoch die Creme mit großen Gartenerdbeeren statt mit Aprikosen. Man übergießt die Früchte mit etwas aufgelöstem Johannisbeergelee. Ebenso kann man mit entkernten Kirschen verfahren.

Orangenkuchen

(Tarte aux oranges)

Mürbteig (s. S. 12) – *Für die Garnitur:* 4 Orangen, 20 Stücke Würfelzucker, 4–5 Scheiben Orangen, in kleine Stücke geschnitten

Man legt eine gebutterte Obstkuchenform mit dem Teig aus, wobei man einen kleinen Rand hochzieht, und läßt ihn 10 bis 15 Minuten backen. Ist der Teig schön goldbraun, nimmt man ihn heraus, schält die Orangen, schneidet die Spalten in Stücke und belegt den Teigboden damit. Dann bereitet man einen Zuckersirup mit dem Würfelzucker, etwas Wasser und den in Stücke geschnittenen Orangenscheiben, läßt ihn bis zur Perle eindicken und gießt ihn dann über die Orangenstücke. Der Sirup muß beim Erkalten eine Glasur über den Früchten bilden.

Erdbeerkuchen

(Tarte aux fraises)

Für den Sandteig: 125 g Mehl, 75 g Butter, 1 Eigelb, 1 EL Puderzucker, 1 Prise feines Salz – *Für die Garnitur:* etwa 200 g große Gartenerdbeeren, 1 Tasse Zucker, 2 EL Johannisbeergelee – 1 Eigelb

Man bereitet den Teig so leicht wie möglich, ohne ihn zuviel zu kneten, indem man zuerst die zerkleinerte Butter mit dem Mehl verarbeitet und dann Ei, Zucker und Salz dazugibt.
Aus diesem Teig formt man eine Kugel, rollt sie mit dem Nudelholz aus und füllt damit eine runde, gut gebutterte Kuchenform mit einem Rand von ca. 2 cm Höhe. Statt dessen kann man auch entsprechend viele kleine Törtchenformen verwenden. Man bestreicht den Rand mit etwas mit Wasser aufgelöstem Eigelb und belegt den Boden mit einem Pergamentpapier, auf dem man weiße Bohnenkerne ausbreitet, die das Aufblähen des Teigs verhindern. Dann bäckt man den Teig im heißen Backofen 15 bis 20 Minuten. Ist der Teig schön goldgelb, entfernt man das Papier und die Bohnenkerne, belegt den Boden möglichst dicht mit den geputzten und gewaschenen Erdbeeren und übergießt sie dann mit einem Sirup, den man mit wenig Wasser und Zucker bis zum Fadenziehen gekocht hat. Man läßt alles erkalten und übergießt schließlich die Erdbeeren mit gelöstem Johannisbeergelee. Man kann zu diesem Kuchen auch Schlagsahne servieren, die man steif geschlagen und leicht gezuckert hat.

Pfirsichkuchen

(Tarte aux pêches)

Für den Boden: Sand- oder Zuckerteig (s. S. 15) – *Für die Garnitur:* 6–8 sehr reife Pfirsiche, 3 EL Zucker, 1 TL Kirschwasser, 2 EL Aprikosenmarmelade

Man bereitet den Sand- oder Zuckerteig nach Rezept und bäckt ihn. Dann belegt man den Teigboden mit den entkernten und halbierten Pfirsichen, übergießt mit einem kochenden Zuckersirup, dem man 1 TL Kirschwasser beigefügt hat, läßt erkalten und übergießt dann den Kuchen mit der aufgelösten und mit etwas Wasser verlängerten Aprikosenmarmelade.

Apfelkuchen

(Tarte aux pommes)

Mürbteig (s. S. 12) – *Für die Garnitur:* 500 g säuerliche Äpfel, 1 Glas Wasser (ca. 1/5 l), 6 EL Zucker, 1 TL Vanillemark oder Zimtpulver, 1 EL Aprikosenkonfitüre

Man kleidet eine Obstkuchenform mit Rand mit Mürbteig aus, schält und putzt die Äpfel und legt zwei davon für die Garnierung beiseite. Die übrigen schneidet man in kleine Würfel und kocht sie mit Wasser und 3 EL Zucker zu einem Püree. Dieses treibt man durch ein Sieb oder püriert es mit dem Mixer, gibt das gewünschte Aroma – Vanille oder Zimt – dazu und gießt es, wenn es erkaltet ist, auf den Teig. Auf dieses Püree legt man dünne Scheiben der geschälten, halbierten und entkernten Äpfel, wobei man in der Mitte des Kuchens beginnt und nach dem Rand zu fortfährt, so daß die halben Apfelscheiben eine Art Rosette bilden und etwas übereinanderliegen. Sie sollen das Püree vollständig bedecken. Dann streut man Zucker darüber und bäckt den Kuchen im ziemlich heißen Backofen 20–25 Minuten, wobei man darauf zu achten hat, daß die Apfelscheiben nicht anbrennen oder zu braun werden. Sind sie schön goldgelb, so muß man meist mit der Hitze des Backofens etwas zurückgehen, damit der Teig gar werden kann. Ist der Kuchen fertig, übergießt man ihn mit der aufgelösten Aprikosenkonfitüre oder bestreut ihn mit Puderzucker.

›Campingsack‹

(Le sac de camping)

Zutaten für 6 Personen: 6 Äpfel, 250 g Mürbteig nach Rezept (s. S. 12), 2 EL Kirschen- oder Aprikosenkonfitüre, 1 EL Zucker

Man rollt den Teig dünn aus und schneidet daraus sechs Quadrate von etwa 20 cm Seitenlänge aus. Dann schält man die Äpfel, entfernt das Kernhaus und füllt diese Höhlung mit Kirsch- oder Aprikosenkonfitüre. Dann wickelt man jeden Apfel in ein Teigviereck ein, wobei man alle Ränder gut festdrückt, bestreut sie mit Zucker und läßt sie im mittelheißen Backofen backen, bis der Teig schön goldbraun ist.

Birnen-›Pie‹, oder Birnen in der Kruste

(›Pie‹ aux poires ou croûte aux poires)

4–5 große Birnen, 3–4 EL Zucker, 1 Prise Nelkenpulver oder etwas Zimtpulver oder 1 Paket Vanillezucker, 1 Eigelb – Mürbteig (Seite 12)

Man schält die möglichst reifen Birnen und schneidet sie in kleine Würfel. In der Zwischenzeit bereitet man einen Mürbteig (s. S. 12) wie für den Erdbeerkuchen. Man rollt ihn aus und schneidet daraus einen 3 cm breiten Streifen, mit dem man den Rand einer runden Backform belegt. Auf den Grund der Form, wo kein Teigboden ist, legt man die in Würfel geschnittenen Birnen, mit etwas Zucker und einem beliebigen Aroma (Zimt, Nelke oder Vanille) vermischt. Auf die aufstehenden Ränder, die man bis dahin nicht berührt hat, legt man einen runden Teigdeckel aus Mürbteig, den man mit den Rändern verknetet und mit einer Gabel verziert. In der Mitte des Deckels macht man eine etwa fingerdicke Öffnung, damit der Dampf der Früchte abziehen kann, und läßt diesen Pie, nachdem man die Oberfläche mit verdünntem Eigelb bepinselt hat, 20–25 Minuten backen. Es empfiehlt sich, wenn die Oberfläche schön goldgelb geworden ist, die Form nochmals auf mäßiges Feuer zu setzen, damit die Früchte gar werden. Tritt der Saft aus den mit dem Deckel verkniffenen Rändern, nimmt man die Form vom Feuer und läßt sie kalt werden. Dieser ›Pie‹ wird nicht aus dem Backgefäß genommen, sondern lauwarm in der Form serviert. Man kann verschiedene Früchte dafür verwenden, so etwa eine Mischung aus Äpfeln und anderen saftigen Früchten, wie Erdbeeren, Himbeeren usw.

Weintraubenkuchen

(Tarte aux raisins)

Zutaten wie für Erdbeer- oder Himbeerkuchen (S. 60, 65), 200 g Weinbeeren

Für die Garnitur belegt man den Boden des goldgelb gebackenen Kuchenbodens mit 200 g reifen grünen Weinbeeren.
Dann übergießt man den Kuchen mit einem kochendheißen Zuckersirup, zu dem man etwas Cognac gegeben hat, und überzieht alles mit einer verdünnten Aprikosenmarmelade.

Gitterkuchen mit Äpfeln

(Tarte aux pommes quadrillée)

Mürbteig (Seite 12) *Für die Garnitur:* 8–10 Äpfel, 1 Tasse Zucker, 1 Vanilleschote, 1–2 Eigelb, 2 EL Puderzucker

Man kocht die geschälten und entkernten Äpfel mit Zucker und Vanille. Sind sie schön weich, zerdrückt man sie zu einem Püree und läßt sie erkalten.
Dann legt man eine gut gebutterte Kuchenform mit Rand mit Mürbteig aus und bestreicht den Boden mit dem Apfelpüree. Aus dem restlichen Teig schneidet man mit einem Zackenrädchen schmale Streifen aus, die man gitterförmig über das Apfelpüree legt. Man drückt die Gitterstreifen an den Rändern fest, bepinselt alles mit in etwas Wasser aufgelöstem Eigelb und bäckt 20–25 Minuten. Etwas vor Ende der Backzeit bestreut man die Oberfläche mit Puderzucker.
Man kann unter das Gitter auch rohe, in dünne Scheiben geschnittene Äpfel legen, die man mit Vanillezucker bestreut. Auf jeden Fall müssen auch diese Apfelscheiben gut durch sein, bis der Kuchen fertig ist.

Rhabarber-Pie

(›Pie‹ à la rhubarbe)

500 g Rhabarberstiele, 200 g Mehl, 1 Tasse Zucker, 125 g Butter, 1 Tasse frische Sahne – 1 Eigelb

Man kocht die vorher geschälten und in Stücke geschnittenen Rhabarberstiele mit Zucker. Inzwischen macht man einen Blätterteig (s. S. 12), rollt diesen Teig aus und bereitet daraus einen Deckel in der Größe des rechteckigen Backgefäßes und bekleidet die Wände ebenfalls mit einem Streifen Blätterteig. Auf den Boden gibt man den weichgekochten Rhabarber, legt den Teigdekkel darauf, den man mit den Rändern gut verknetet, bepinselt diesen Deckel mit etwas mit Wasser verdünntem Eigelb und bäckt so lange, bis der Teig gut aufgegangen und schön goldgelb geworden ist. Man reicht die mit etwas Zucker geschlagene Sahne als Beilage dazu.

Törtchen

(Tartelettes)

2 Tassen Mehl, 125 g Butter, 1 TL feines Salz, 1/2 Glas Wasser – Konfitüre oder Fruchtmarmelade

Mit den oben angegebenen Zutaten bereitet man nach Rezept einen Mürbteig, den man zwei Stunden ruhen läßt. Dann rollt man den Teig auf etwa 3 mm Dicke aus und belegt damit Boden und Ränder von gut gebutterten kleinen Törtchenformen, die man im heißen Backofen etwa 15 Minuten bäckt und dann mit Konfitüre oder einer gut gezuckerten Obstmarmelade füllt.

Bananentörtchen

(Tartelettes à la banane)

Für 20 Törtchen: 500 g Mürbteig nach Rezept (s. S. 12) – 12 Bananen, 1 Tasse frische Sahne, 2 EL Zucker, 1 Glas Wasser, 1 EL Rum oder Curaçao, 20 kandierte Kirschen

Man schält und zerdrückt die Bananen und läßt sie mit Wasser und Zucker weich kochen, etwa 15 Minuten, wobei man sie von Zeit zu Zeit abschäumt.
Dann passiert man die gekochten Bananen durch ein Sieb oder püriert sie mit dem Elektromixer, läßt dieses Püree erkalten und mischt nun die frische Sahne und Rum oder Curaçao darunter. Nun bäckt man, wie im vorhergehenden Rezept angegeben, 20 Törtchenformen, die man nach dem Erkalten mit dem Bananenpüree füllt. Jedes Törtchen wird mit einer kandierten Kirsche dekoriert.

Babas, Savarins, Brioches (Hefegebäck und Hausmacherkuchen)

Familien-Baba

(Baba de famille)

250 g Mehl, 10–15 g Bäckerhefe, 2 EL lauwarme Milch, 2 ganze Eier, 50 g Butter, 1 Prise Salz, 1 TL Zucker, 1 Handvoll Rosinen, etwas Rum – *Für den Sirup:* 1 Schnapsglas Rum, etwas Wasser, 3 EL Zucker

Zunächst häuft man das Mehl auf, macht in der Mitte eine Vertiefung und gibt dahinein eine Mischung aus der Milch, den geschlagenen Eiern, etwas Salz, Zucker und der in etwas lauwarmem Wasser aufgelösten Bäckerhefe. Den Teig knetet man rasch durch und schlägt ihn öfter im ganzen heftig auf das Backbrett, insgesamt 10–12 Minuten lang. Dann knetet man aus dem Teig eine Kugel, die man mit Butterflöckchen bestreut und in einer zugedeckten Schüssel an einem warmen Ort aufgehen läßt, bis sie ihr Volumen verdoppelt hat. In der Zwischenzeit weicht man die Rosinen in Wasser mit etwas Rum ein, um sie dann, gut abgetropft, in den aufgegangenen Teig einzukneten.
Nun buttert man eine große Baba- oder Savarinform gut aus, gibt den Teig hinein, der aber nur die Hälfte der Form füllen darf, und läßt ihn darin zugedeckt weitere zwei Stunden an einem warmen Ort aufgehen. Dann gibt man die Form in einen schwach geheizten Backofen, wo er 15–20 Minuten backen muß. Um ihn aus der Form zu nehmen, deckt man ihn einige Minuten mit einer trockenen Serviette zu, dann löst er sich ganz leicht.
Man begießt den Baba mit einem kochend heißen Sirup, den man aus 3 EL Zucker, ca. 1/10 l Wasser und etwas Rum gekocht hat.

Babas

Baba- oder Savarinteig (s. S. 70), dazu 2 EL Rosinen, Zuckersirup nach Rezept (s. S. 70)

Um richtige Babas zu backen, braucht man becherförmige sogenannte Babaförmchen, die man sorgfältig ausbuttert. Ist der Teig, in den man gewaschene und abgetrocknete Rosinen gegeben hat, gut aufgegangen, gibt man in jede dieser Formen etwa bis zu einem Drittel ihrer Höhe Teig, den man dann nochmals an einem warmen Ort aufgehen läßt, was wiederum 1–2 Stunden beansprucht, und läßt sie dann im gut vorgeheizten Backofen 15 Minuten backen. Sind die Babas etwas erkaltet, stürzt man sie aus den Förmchen und übergießt sie wie die Savarins mit einem aromatisierten Zuckersirup (s. S. 70).

Orangen-Baba (schnell zuzubereiten)

(Baba à l'orange, instantané)

2 Eier, 2 EL Zucker, 2 EL Mehl, 5 Orangen (ungespritzt), 1 EL Zucker, 1/2 TL Backpulver, 2 EL Rum, evtl. einige Scheiben kandierte Orangen nach Belieben

Man schlägt die Eier so lange mit dem Zucker, bis sich dieser ganz aufgelöst hat und die Eier fast weiß geworden sind. Dann streut man das Mehl locker darüber und knetet den Teig gut durch. Man schält die Schale von zwei Orangen ab, hackt sie fein oder reibt die Orangenschalen ab und gibt das Abgeriebene zu dem Teig. Im letzten Moment knetet man erst das Backpulver darunter. Dann buttert man eine große kranzförmige Baba-Form gut aus, gießt den Teig, der ziemlich flüssig sein muß, hinein und bäckt ihn bei mäßiger Hitze 30 Minuten. Inzwischen preßt man aus den Orangen den Saft aus, gibt den Rum und Zucker dazu und verrührt gut. Ist der Baba gut durchgebacken, deckt man ihn einige Minuten mit einer trockenen Serviette zu und kann ihn dann leicht auf eine Kuchenplatte stürzen. Dann sticht man ihn ringsum mehrfach mit einer Gabel ein, damit er den Orangensaft gut aufnehmen kann, übergießt den Kuchen mit dem Saft, bis er den ganzen Saft aufgesogen hat. Ist der Baba erkaltet, kann man ihn mit einigen kandierten Orangenscheiben garnieren.

Gorenflot

Savarinteig (s. S. 78), dazu 1 Handvoll Mandeln, 1 EL Aprikosenmarmelade – *Zum Einweichen des Gorenflot:* 1/2 Glas Orangensirup, 1/2 Likörglas Pernod oder Ricard, 2 Likörgläser Anisettelikör

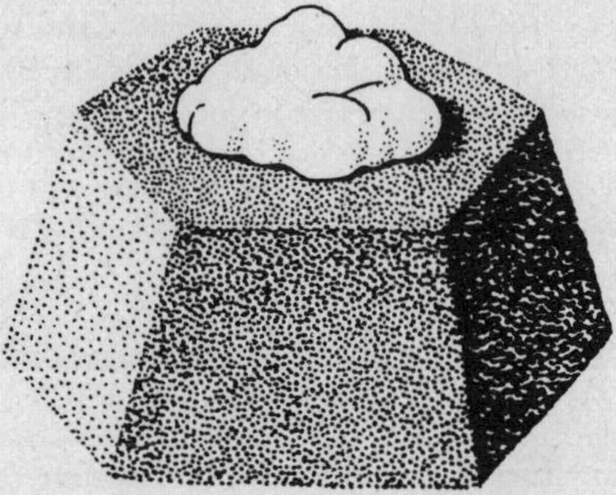

Gorenflot

Um diesen ausgezeichneten Kuchen herzustellen, braucht man eine besondere Form. Sie ist sechsseitig und hat in der Mitte einen Zwischenraum. Man buttert diese Gorenflot-Form reichlich aus, füllt sie zur Hälfte mit dem nach Rezept hergestellten Savarinteig (s. S. 78) und läßt ihn zugedeckt noch mindestens 1 Stunde aufgehen. Dann bäckt man ihn, im Anfang bei schwacher Hitze und steigert die Hitze, bis der Teig schön braun ist. Ist der Kuchen erkaltet, setzt man ihn zunächst auf ein Gitter über einen tiefen Teller und übergießt ihn mit dem Sirup, der mit etwas kochendem Wasser vermengt wird, so lange, bis der Kuchen alle Flüssigkeit aufgesogen hat. Zum Schluß übergießt man ihn mit Pernod und Anisettelikör, richtet ihn auf einer Kuchenplatte an und bestreicht die Oberfläche mit aufgelöster Aprikosenmarmelade. Man kann den Hohlraum des Kuchens auch mit Schlagsahne oder Konditorcreme (Seite 169) füllen, die man mit Anisettelikör aromatisiert hat.

Brioche, Grundrezept

500 g Mehl, 5 Eier, 250 g Butter, 1 Likörglas Rum, 15 g Bäkkerhefe, 8 Stück Zucker, 1 Schale Milch, 1 TL Salz; 1–2 Eigelb

Man vermengt die heiße Milch in einer Schale mit dem Zucker, der Butter, dem Salz und der Hefe.
Auf einem Backbrett häuft man das Mehl auf, macht eine Vertiefung, in die man die Eier, eines nach dem anderen, schlägt, gibt den Rum dazu und knetet daraus einen Teig, den man zu der Milch in der Schüssel gibt. Man muß diesen Teig nun lange und kräftig kneten, bis er zwischen Daumen und Zeigefinger einen Faden zieht. Dann formt man ihn zur Kugel, deckt ihn mit einer auf der Innenseite bemehlten Serviette zu und läßt ihn über Nacht gehen.
Am nächsten Morgen muß der Teig sein Volumen um die Hälfte vergrößert haben. Ist er zu fest, arbeitet man noch ein Ei hinein, ist er zu weich, fügt man vorsichtig etwas Mehl bei. Dann rollt man ihn auf dem bemehlten Backbrett aus, schlägt die Ränder nach der Mitte zusammen und läßt ihn – zugedeckt – noch einmal zwei bis drei Stunden aufgehen. Dann knetet man ihn zu einer großen Kugel, von deren Boden man etwas Teig abnimmt, damit sie gut steht. Oben macht man eine kleine Vertiefung in den Teig, setzt den unten abgenommenen und birnenförmig geformten Teig darauf und klebt ihn mit etwas Wasser fest. Nun bepinselt man den Teig mit in etwas Wasser verdünntem Eigelb, wobei man darauf achten muß, daß man den unteren Teig nicht mit der oberen Teigbirne verbindet. Dann setzt man den Teig in eine Form oder auf ein gebuttertes und bemehltes Backblech und bäckt ihn im heißen Backofen 45 Minuten. Falls der ›Kopf‹ zu schnell braun wird, deckt man ihn mit etwas Alufolie ab. Man prüft mit einer Stricknadel, ob der Teig gut durchgebacken ist.

Savoyer Biskuit

(Biscuit de Savoie)

5 Eier, 125 g Mehl, 250 g Zucker, 1 TL Orangenblütenwasser oder Vanillepulver, 1 Zitronenschale

In eine angewärmte Schüssel gibt man die Eigelb, den Zucker, die abgeriebene Zitronenschale und das Orangenblütenwasser und schlägt alles zusammen am besten mit dem Elektroquirl so lange, bis die Mischung weiß und schön schaumig ist. Dann erst gibt man unter fortwährendem Umrühren das Mehl dazu. Daneben schlägt man die Eiweiß zu einem steifen Schnee, den man unter den Teig hebt, ohne noch viel zu rühren. Dann buttert man eine ziemlich flache, runde Kuchenform aus, bepudert die Butter mit etwas Zucker und gießt den Teig hinein. Man bäckt bei geringer Hitze etwa 45 Minuten. Wenn der Teig Farbe annimmt und fest wird, ist der Kuchen gar. Nach dem Stürzen des Kuchens aus der Form läßt man ihn noch einige Minuten im offenen Backofen abkühlen.

Brioche Mousseline

Für 8 Personen: 200 g Mehl, 100 g Butter, 2 ganze Eier, 3 EL ungekochte Milch, 2 EL Zucker, 1 Prise feines Salz, 15 g Bäckerhefe

Man häuft das Mehl in einer Schüssel an, löst Zucker, Salz und Hefe in lauwarmer Milch, gießt etwas davon ins Mehl und gibt dann die gut verquirlten Eier und die schaumig gerührte Butter daran und knetet diese Masse mit der Milch sorgfältig durch. Diesen Teig füllt man in eine gut gebutterte Briocheform und läßt ihn darin an einem warmen Ort, zugedeckt mit einer Serviette, zwei Stunden aufgehen. Dann bäckt man ihn 20 Minuten im heißen Backofen. Es kann sein, daß die Oberseite der Brioche zu schnell braun wird, dann deckt man sie mit einem Stück Alufolie zu und bäckt bei mäßiger Hitze weiter.

Einfache Brioche
(Brioche simple)

2 nußgroße Stücke Butter, 2 Tassen Mehl, 1/2 TL feines Salz, 1 guter TL Zucker, 1 Paket Backpulver, 1 ganzes Ei

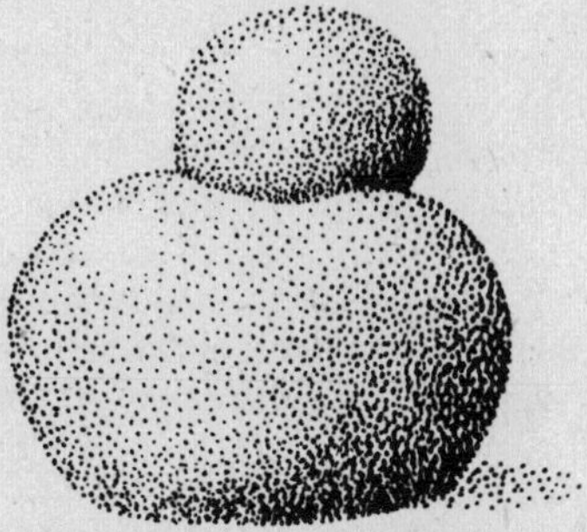

Einfache Brioche

Man verknetet das Mehl nach und nach mit der fast ganz zerlassenen Butter, gibt dann Salz, Zucker und das verquirlte Ei dazu und knetet alles gut durch. Im letzten Moment gibt man das in etwas Wasser aufgelöste Backpulver an den Teig, den man in eine Briocheform füllt und an warmer Stelle eine gute halbe Stunde aufgehen läßt. Dann bäckt man ihn im schwach geheizten Backofen zunächst eine gute halbe Stunde. Steigt die Brioche über die Form, gibt man größere Hitze, damit sie oben schön braun wird.

Mousseline-Biskuit
(Biscuit mousseline)

3 EL Zucker, 4 Eigelb, 2 EL Stärkemehl, 4 Eiweiß, 1 Zitronenschale, 1 EL Rum

Man schlägt den Zucker mit den Eigelb schaumig, gibt das Stärkemehl, sowie abgeriebene Zitronenschale und Rum dazu und hebt dann die zu steifem Schnee geschlagenen Eiweiß darunter. Man buttert eine ziemlich flache, runde Kuchenform aus, gießt den Teig hinein und läßt ihn bei milder Hitze 40 Minuten backen.

Brioche im Topf

(Brioche en cocotte)

250 g gut gesiebtes Mehl, 60 g Butter, 2 EL Zucker, 2 ganze Eier, 4 EL ungekochte Milch, 40 g frische Bäckerhefe, 1 Prise feines Salz

Man gibt das Mehl in eine Schüssel, macht oben hinein eine Vertiefung, in die man die weiche Butter mit lauer Milch, die geschlagenen Eier, Salz und Zucker und die in etwas Wasser aufgelöste Hefe gibt. Dies alles verknetet man zu einem weichen, geschmeidigen Teig. Dann buttert man einen sehr sauberen Kochtopf reichlich aus und füllt den Teig hinein, deckt den Kochtopf zu und läßt den Teig eine Stunde lang am Rand des Ofens aufgehen. Dann gibt man den Topf in den mittelheißen Backofen und läßt etwa 30 Minuten backen.

Gefüllte Brioche

(Brioche fourrée)

Brioche nach Grundrezept (S. 73) – *Für die Füllung:* 1 Likörglas Kirschwasser, Maraschino oder Rum, 1 Tasse zerkleinerte, kandierte Früchte, 2 EL Aprikosenmarmelade

Man bereitet eine Brioche nach Rezept. Ist sie gebacken und etwas abgekühlt, löst man sorgfältig den Kopf ab und höhlt die Brioche innen etwas aus, indem man den weichen Teig gegen die Ränder drückt. Dann gibt man die Aprikosenmarmelade, vermischt mit den zerkleinerten kandierten Früchten und mit Kirschwasser, Maraschino oder Rum angefeuchtet, in das Innere der Brioche, setzt den Kopf wieder auf und läßt sie 30 Minuten ziehen, bevor man sie serviert. Man kann die Brioche auch mit 2 EL Konditorcreme füllen, in die man die kandierten Früchte mit Kirschwasser oder Maraschino gemischt hat.

Mousseline-Kuchen

(Gâteau mousseline)

6 Eier, getrennt, 2 EL Stärkemehl, 5 knappe EL Staubzucker

Man schlägt die Eigelb mit Stärkemehl und Zucker, bis alles glatt ist. Dann schlägt man die Eiweiß zu einem steifen Schnee und hebt diesen vorsichtig unter. Man gibt den Teig in eine gut gebutterte Form, deren Boden und Wände man mit gebuttertem Pergamentpapier ausgekleidet hat, und bäckt im mäßig geheizten Backofen eine gute halbe Stunde.

Kugelhopf (Elsässer Kuchen)

300 g Mehl, 2 EL Zucker, 2 nußgroße Stücke Butter, 2 ganze Eier, 10 g frische Bäckerhefe, abgeriebene Schale von 1 Zitrone oder 1 EL Rum, ca. 1/4 l Milch, 1 Tasse Rosinen (Malagatrauben und Korinthen, gemischt)

Um diesen sehr vorteilhaften Elsässer Kuchen zu backen, der besonders den Kindern schmeckt, braucht man eine spezielle Kugelhopf-Form.

Man erwärmt eine große Schüssel in kochendem Wasser. Dahinein gibt man das Mehl und die in etwas lauer Milch aufgelöste Hefe. In einem Topf erwärmt man die Milch mit der Butter und dem gewünschten Aroma, mischt diese unter das Mehl mit der Hefe und bearbeitet den Teig entweder mit einem Kochlöffel oder einfach mit der Hand. Der Teig muß gleichmäßig sein und Blasen schlagen. Man arbeitet die Eier ein, nach und nach, eines nach dem anderen, und knetet dauernd weiter, wobei die Teigschüssel immer an einem warmen Ort stehen muß. Dann wäscht man die Rosinen und gibt sie nach und nach unter ständigem Kneten an den Teig, der sich von den Händen und von der Schüssel lösen muß. Den Teig füllt man in eine gut gebutterte Kugelhopfform, er darf aber nur die Hälfte der Form füllen. Nun läßt man den Teig in der Form zugedeckt zwei, drei Stunden oder sogar noch länger gehen. Hat der Teig sein Volumen verdoppelt, bäckt man ihn im mäßig heißen Ofen 30–45 Minuten.

Madeleine-Kuchen

(Gâteau de Madeleine)

3 Eier, je 3 Eischwer Mehl und Zucker (das Gewicht der Eier feststellen und dieselbe Gewichtmenge Mehl und Zucker abwiegen), 1 eigroßes Stück Butter, $^1/_2$ Paket Backpulver, die abgeriebene Schale einer Zitrone

Man schlägt die Eier mit dem Zucker so lange, bis sie fast weiß und schaumig geworden sind, dann gibt man die im Wasserbad fast geschmolzene, weiche Butter und schließlich das Mehl an den Teig. Wenn dieser schön gleichmäßig ist, gießt man ihn in eine gut gebutterte Springform und bäckt ihn im mäßig geheizten Backofen eine gute halbe Stunde.

Savarin mit Schlagsahne

(Savarin à la Chantilly)

Für den Teig: 125 g Mehl, 2 ganze Eier und 1 Eiweiß, 60 g Butter, 7–8 g Bäckerhefe, 1 TL Zucker, 1 Prise feines Salz, 1 Tasse Rosinen (Korinthen und Rosinen gemischt) – *Für den Tortenboden:* 1 runde Scheibe von Sand- oder Zuckerteig (s. S. 15) – *Für den Sirup:* 200 g Zucker, $^3/_4$ l Wasser, $^1/_2$ Rotweinglas Rum – *Für die Garnitur:* 100 g frische Schlagsahne, 1 Päckchen Vanillezucker, Aprikosenmarmelade, einige kandierte Früchte oder Orangeat, Zitronat und kandierte Engelswurz

Savarin mit Schlagsahne

Man häuft das Mehl in einer Schüssel auf, macht oben eine Vertiefung, in die man die in einer Tasse lauwarmem Wasser aufgelöste Hefe gießt, und vermischt diese nach und nach mit dem Mehl. Dann stellt man die Schüssel zugedeckt zum Gehen an eine warme Stelle, bis der Teig aufplatzt. Nun gibt man die beiden Eier, eins nach dem anderen, hinein und knetet den Teig mit den Fingerspitzen, damit Luft eindringen kann. Ist der Teig nicht flüssig genug, gibt man das Eiweiß dazu und knetet weiter, bis der Teig geschmeidig und weich ist und nicht mehr an den Fingern haftet. Dann arbeitet man Zucker und Salz in den Teig ein sowie die geschmolzene, aber etwas abgekühlte Butter, ebenso die in etwas Rum und Wasser eingeweichten Rosinen. Man buttert eine Savarinform gut aus, füllt den Teig bis zur Hälfte in die Kranzform und läßt ihn, zugedeckt, etwa zwei Stunden aufgehen, bis er das doppelte Volumen erreicht hat. Die Form gibt man zunächst in einen mäßig heißen Backofen und erhöht dann die Hitze, bis er in 20 bis 25 Minuten durchgebacken ist. Das kann man mit einer Stricknadel feststellen, die man in den Kuchen sticht und die trocken herauskommen muß. Ist der Savarin erkaltet, stellt man ihn auf ein Gitter über einer Schüssel und begießt ihn mit einem heißen Sirup, den man aus 200 g Zucker und $^3/_4$ l Wasser gekocht und mit Rum aromatisiert hat, wobei man den abfließenden Sirup immer wieder darübergießt, bis der Kuchen alle Flüssigkeit aufgenommen hat. Nun stellt man den saftigen Kuchen auf den Tortenboden aus Sand- oder Zuckerteig (s. S. 15) und füllt schließlich den Innenraum des Savarins mit Schlagsahne, die man mit Vanillezucker steif geschlagen hat, bestreicht den Kuchen mit aufgelöster Aprikosenmarmelade und dekoriert ihn mit kandierten Früchten. Statt der Schlagsahne kann eine Konditorcreme verwendet werden (s. S. 169).

Kleine Savarins

(Petits Savarins)

Man kann mit den gleichen Zutaten wie im vorigen Rezept auch zehn kleine Savarins backen, falls man die genügende Anzahl Savarinförmchen zur Verfügung hat. Man füllt sie ebenfalls mit Schlagsahne oder Konditorcreme. In diesem Fall läßt man im Teig die Rosinen weg, ebenso die Garnitur mit kandierten Früchten.

Polnische Kuchen
(Polonaises)

Für 6 bis 8 kleine Kuchen: entweder Brioche-Teig oder Savarinteig (s. S. 73, 78) – *Für die Creme:* Konditorcreme (s. S. 169), 1 Tasse verschiedener kandierter Früchte, 2 EL Maraschino oder Kirschwasser – *Für die Garnitur:* 3 Eiweiß, 3 EL Puderzucker, 1 Prise Vanillemark, einige Mandeln

Man füllt den fertigen Teig in kleine runde, hohe Törtchenformen, wobei man den Teig in der Mitte dünner und an den Rändern höher anordnet, um Platz für die Füllung zu bekommen, und läßt die kleinen Kuchen im mittelheißen Backofen 15–20 Minuten backen. Dann nimmt man die Kuchen aus der Form. Falls die mittlere Vertiefung nicht groß genug ist, nimmt man etwas Teig heraus, beträufelt das Innere der Kuchen mit etwas Maraschino oder Kirschwasser und füllt dann in jede Vertiefung einen EL Konditorcreme, die man mit den in kleine Stücke geschnittenen verschiedenen kandierten Früchten gemischt hat. Dann bedeckt man jeden der kleinen Kuchen mit einer Halbkugel von Meringuen (s. S. 45) aus Puderzucker und steif geschlagenem Eiweiß mit Vanillepulver. Man streut zur Dekoration obenauf geröstete Mandelsplitter und läßt alles bei offenem Backofen langsam bei schwacher Hitze trocknen, bis die Meringuen fest werden.

Schnell gemacht
(Tôt fait)

2 Eier, dieselbe Gewichtsmenge (Eischwer) Mehl und Zukker, 1/4 Glas ungekochte Milch (ca. 1/10 l) – 1 TL Orangenblütenwasser oder Vanillemark

Man löst den Zucker mit den Eigelb unter kräftigem Schlagen auf, gibt das Mehl dazu, damit ein dickflüssiger Teig entsteht, den man mit der rohen Milch verdünnt und entweder mit Orangenblütenwasser oder einem anderen Aroma aromatisiert. Dann hebt man die zu steifem Schnee geschlagenen Eiweiß darunter und bringt den Teig in einen gut vorgeheizten, heißen Backofen, wo er aufgehen muß wie ein Soufflé, was 12 bis 15 Minuten dauert.

Hausmacher-Savarin (schnelle Form)

(Savarin de ménage)

2 Eier, 4 EL Mehl, 4 EL Zucker, 1/2 TL Backpulver, 1 Prise Salz, 2 Rotweingläser Rum, 1/2 Glas Wasser (ca. 1/8 l), 4 Stücke Würfelzucker

Man gibt in eine angewärmte Schüssel den Zucker mit den Eiern, dann Mehl, Backpulver und Salz.

Dann buttert man eine Savarinform gut aus, gießt den glatt verarbeiteten Teig hinein und gibt die Form sofort in den schwach geheizten Backofen, dessen Hitze man steigert, bis der Kuchen schön goldgelb ist.

Dann stürzt man den Savarin aus der Form und begießt ihn noch warm mit dem mit etwas Wasser verdünnten und gezukkerten heißen Rum.

Genueser Kuchen

(Gênoise)

2 nußgroße Stücke Butter, 125 g Mehl (ca.), 125 g Zucker, 4 Eier, 1 EL Rum oder Kirschwasser, 1/2 TL Vanillemark

Man erhitzt eine Schüssel mit kochendem Wasser, schüttet dieses dann aus und stellt die Schüssel an den Herdrand, damit sie warm bleibt. Nun gibt man Zucker und Eier hinein und schlägt beides, am besten mit dem Elektroquirl, so lange, bis die Masse cremeartig, schaumig und leicht ist. Dann nimmt man die Schüssel vom Ofen, gibt die leicht geschmolzene Butter und das Mehl sowie das Aroma dazu. Hat man alles zu einem glatten Teig verarbeitet, gießt man ihn in eine sogenannte Genueser Form, deren Ränder höher sind als die Obstkuchenformen, und bäckt im schwach geheizten Ofen 15–20 Minuten.

Der Vier-Viertelkuchen

(Quatre-Quarts)

3 Eier, dieselbe Gewichtsmenge wie die der Eier in: Butter, Mehl, Zucker; abgeriebene Schale von 1 Zitrone oder 1/2 TL Vanillemark, 1 Prise feines Salz

Man verquirlt die Eigelb mit dem Zucker so lange, bis sie fast weiß und sehr schaumig sind, dann gibt man die Butter und das Mehl nach und nach dazu, zum Schluß das Salz und das Aroma und hebt dann die zu steifem Schnee geschlagenen Eiweiß vorsichtig unter den Teig. Man füllt den Teig in eine gebutterte und mit gebuttertem Pergamentpapier ausgelegte Kastenform und läßt ihn bei mäßiger Hitze mindestens 1 Stunde backen. Man kann die Oberfläche des Kuchens auch mit einer beliebigen Glasur versehen (s. S. 18).

Ausländische Kuchen

Mandelbällchen (amerikanisch)

(Balles aux amandes)

Für 5 Dutzend: 1 Tasse frische Butter, 1/2 Tasse Puderzucker, 2 Tassen durchgesiebtes feines Mehl, 1 Prise feines Salz, 1 TL Vanillemark oder Vanilleessenz, 1 Handvoll geschälte, gehackte und leicht geröstete Mandeln, Hagelzucker

Man läßt die Butter weich werden und rührt sie schaumig, dann fügt man die anderen Bestandteile bei und vermischt alles gut. Man formt mit der Hand kleine Teigkugeln, die man auf ein gebuttertes Backblech setzt und 12 bis 15 Minuten im heißen Backofen bäckt, dann rollt man jede der kleinen Kugeln in Hagelzucker.

Andalusischer Kuchen

(Gâteau andalou)

150 g Löffelbiskuits, 1/2 Likörglas Kirschwasser, 1/2 Glas Wasser (ca. 1/8 l), 2 EL Zucker, 2 große Rippen Kochschokolade, 2 Eigelb

Man bereitet aus der in wenig Wasser auf dem Feuer geschmolzenen Schokolade mit den Eigelb eine Creme.
Daneben bereitet man aus Wasser, Zucker und Kirschwasser einen Sirup. Ist dieser erkaltet, taucht man jedes einzelne Biskuit darin ein. Auf den Boden einer Kastenform gießt man eine Schicht Schokoladencreme, legt diese Schicht und die Ränder der Form mit den angefeuchteten Löffelbiskuits aus, füllt sie mit Schokoladencreme auf und bedeckt sie mit den restlichen angefeuchteten Biskuits. Man legt auf die Form ein Brettchen und ein Gewicht, damit alles gut zusammengepreßt ist, und läßt den Kuchen einige Stunden im Kühlschrank stehen. Man stürzt ihn vorsichtig, indem man die Form kurz in kochendes Wasser taucht, damit sich die Schokolade leicht ablöst.

Banana Cakes (amerikanisch)

200 g Mürbteig (Seite 12), 6 reife Bananen, 2 EL roter Rohrzucker oder Staubzucker, 100 g Sahne, 2 TL Vanillezucker

Man schält die Bananen und rollt sie gründlich in dem Zucker, damit sie gut damit durchdrungen sind. Dann rollt man den Mürbteig möglichst dünn aus, schneidet ihn in viereckige Stücke, mit denen man je eine eingezuckerte Banane einwickelt, und verklebt die Ränder fest. Man buttert ein Backblech und läßt die Bananenpakete bei mittlerer Hitze 15 Minuten backen. Die Sahne schlägt man mit etwas Zucker steif und serviert sie zu den Bananen.

Fruchtkuchen vom Mount Vernon (amerikanisch)

675 g sehr frische Butter, 5 Eier, 1 Tasse Zucker, 2 Tassen Hafermehl (ersatzweise Stärkemehl), 2–3 EL Brandy oder Cognac, 2–3 EL und 1 Likörglas Cherry (Kirschlikör), etwas abgeriebene Mußkatnuß, 1 Handvoll Rosinen (Korinthen und Rosinen gemischt), je 1 kandierte Orangen- und Zitronenschale (Orangeat und Zitronat), 100 g Feigen und Datteln, gemischt

Die Butter läßt man leicht schmelzen, aber nicht zu stark zerlaufen, und zieht dann löffelweise die zu steifem Schnee geschlagenen Eiweiß, anschließend Zucker und die Eigelb und schließlich vorsichtig das gesiebte Mehl unter. Der Teig wird mit Brandy und 3 EL Cherry aromatisiert und die kleingehackten oder in kleine Würfelchen geschnittenen kandierten Früchte untergezogen, ebenso die gewaschenen und abgetrockneten Rosinen. Zum Schluß würzt man mit einer Spur Muskatnuß und setzt den Teig in eine gebutterte Pie- oder Kastenform. Der Kuchen muß bei sehr schwacher Hitze so lange backen, bis eine hineingestochene Stricknadel trocken und sauber bleibt, wenn man sie herauszieht. In den fertigen Kuchen bohrt man oben ein kleines Loch, und gießt ein Gläschen Cherry hinein – das verbessert den Geschmack sehr. Will man den Kuchen einige Tage aufheben, wikkelt man ihn in ein mit Cherry (oder Weinbrand) getränktes Tuch.

Buns (Englische Kuchen zum Frühstück oder Tee)

250 g Mehl, 1 nußgroßes Stück Butter, 1 Tasse Rosinen, 2 EL Zucker, 6–8 g Backpulver, 1 Tasse Wasser, 1 Tasse Milch, 1 TL feines Salz, 1 Prise Zimt, 2 Eigelb, Butter

Man häuft die Hälfte des Mehls zu einem Hügel auf, drückt eine Vertiefung hinein, in die man Butter, Salz und das in Wasser aufgelöste Backpulver gibt, und verknetet alles, bis man einen geschmeidigen Teig erhält, den man zu einer Kugel rollt und eine halbe Stunde ruhen läßt. Dann bereitet man mit dem Rest des Mehls, dem Zimt, den in gezuckerter Milch geschlagenen Eiern und den Rosinen, die man vorher in Mehl gerollt hat, damit sie beim Backen nicht auf den Boden des Kuchens fallen, einen zweiten Teig, den man gut mit dem ersten Teig verknetet und vermengt, und läßt diesen neuen Teig ebenfalls eine Stunde ruhen. Nun knetet man den Teig nochmals durch und formt daraus Kugeln, die man leicht abplattet und auf einem gebutterten und bemehlten Blech zum Backen in den vorgeheizten Ofen gibt. Kurz vor dem Fertigwerden bepinselt man die Oberseite jedes dieser Kuchenbrötchen mit in etwas Wasser verdünntem Eigelb. Man serviert sie lauwarm, in der Mitte aufgeschnitten, und gibt etwas frische Butter in den Spalt.

Mailänder Creme

(Crème milanaise)

1 l Milch, 3 Eier, 3 EL Zucker, 2 EL Mehl, 1 Tropfen Anisessenz, 1 Tropfen Mandelessenz, 1 TL Orangenblütenwasser

Man bringt die Milch zum Kochen und schlägt daneben in einer Terrine die Eier mit Zucker schaumig, dann gibt man das Mehl dazu, gießt die kochende Milch unter ständigem Umrühren an diese Mischung und setzt das Ganze nochmals auf mäßiges Feuer, wo man die Creme unter ständigem Umrühren 15 bis 20 Minuten eindicken läßt. Dann aromatisiert man sie, gießt sie in eine Schüssel und stellt sie im Kühlschrank kalt.

Schokoladen-Kartoffelkuchen (amerikanisch)

(Chocolate Potatoes Cake)

$^3/_4$ Tasse sehr frische Butter, 2 Tassen Zucker, 4 Rippen geschmolzene Schokolade oder $^1/_2$ Tasse Kakaopulver, 3 ganze Eier, 2 TL Vanillemark, 1 knappe Tasse gekochte und heiß zerdrückte Kartoffeln, 2 Tassen Mehl, 3 TL Backpulver, $^1/_2$ TL feines Salz, 1 große Tasse Milch oder 1 kleine Tasse Sahne, 2 EL Rum

Man läßt die Butter schmelzen und fügt nach und nach Zucker und die geschmolzene Schokolade dazu, dann nacheinander die Eigelb und das Backpulver sowie Salz und die Kartoffeln. Dazu gibt man nach und nach die Milch. Die Eiweiß schlägt man zu Schaum, den man mit dem Rum zuletzt zu dem Teig gibt. Diesen gießt man in eine gebutterte Charlotten- oder eine Springform und bäckt den Kuchen 30 Minuten im schwach geheizten Backofen, damit er schön aufgehen kann. Man nimmt ihn, wenn er erkaltet ist, aus der Form und kann ihn mit einer grünen, rosa oder weißen Glasur (s. S. 20) überziehen.

Kosaken-Creme

(Crème cosaque)

4 Eigelb, 4 EL Mehl oder Kartoffelmehl, 4 EL Zucker, 4 Stück Zucker, 1 l Milch – *Für die Glasur:* 2 Rippen Kochschokolade, 1 EL Puderzucker

Man verrührt die Eigelb mit dem Zucker zu einer schaumigen Creme, dann gibt man nach und nach das Mehl dazu, löst alles mit kochender Milch auf und läßt die Creme unter ständigem Umrühren, am besten im Wasserbad, dicklich werden. Dann nimmt man sie vom Feuer und färbt sie mit Karamel, das man mit den vier Zuckerstücken und sehr wenig Wasser angerührt hat. Nun rührt man die Creme gut durch und gießt sie in eine Glasschüssel. Ist sie schön fest geworden, glasiert man die Oberfläche mit einer Schokoladenglasur (s. S. 19) und stellt die Speise bis zum Servieren im Kühlschrank kalt.

Fruchtkuchen (amerikanisch)

(Fruit-Cake)

1/2 Tasse Butter, 1/2 Tasse Zucker, 1 1/2 Tassen kandierte, zerkleinerte Früchte (Zitronat, Orangeat usw.), 1 Tasse entkernte Backpflaumen, 1 1/2 Tassen kernlose Rosinen, 1/2 Tasse Mandeln, 2 EL Honig, 2 EL Orangenmarmelade, 1 Prise Zimt, 1 Prise feines Salz, 3 Tassen Semmelbrösel

Dieser Kuchen wird nicht gebacken! Zunächst werden die entkernten Backpflaumen gekocht, zerkleinert und durch ein Sieb passiert oder mit dem Mixer püriert. Dieses Püree muß etwas erkalten, dann werden die in kleine Stücke geschnittenen kandierten Früchte, zerlassene Butter, Zucker, Honig, Orangenmarmelade, Zimt und etwas Salz dazugemischt. Dieser Teig muß zwei Stunden ruhen, danach fügt man die geschälten und grob gehackten Mandeln und so viel Semmelbrösel hinzu, daß ein fester, nicht bröckelnder Teig entsteht. Mit diesem Teig wird eine gebutterte Kastenform ausgelegt. Der Kuchen muß mindestens 48 Stunden im Kühlschrank ruhen, bis man ihn aufschneiden kann.

Cramik (polnischer Kuchen)

2 Tassen Mehl, 1 Tasse Zucker, 1 nußgroßes Stück Butter, 1 Tasse Milch, 1 ganzes Ei und 1 Eiweiß, 1 Tasse gemischte Rosinen (Korinthen und Smyrnarosinen), 25 g Bäckerhefe, 1 Prise Zimt, 1 Prise feines Salz

Man gibt das ganze Ei und das Eiweiß mit dem Puderzucker in eine Schüssel, fügt Salz, Zimt und Mehl dazu und verarbeitet die Mischung zu einem geschmeidigen Teig. In diesen Teig arbeitet man die im Dampf erweichte Butter, die Rosinen und die in Wasser aufgelöste Hefe ein. Man formt daraus eine Kugel, die man in eine große, gut gebutterte Form legt und zugedeckt mindestens zwei Stunden aufgehen läßt. Dann bäckt man den Kuchen 40–50 Minuten im heißen Backofen.

Der Cramik ist ausgezeichnet, wenn man ihn in Scheiben schneidet und mit frischer Butter oder Konfitüre bestreicht.

Weihnachts-Honig-Fruchtkuchen (amerikanisch)

(Christmas Honey Fruit-Cake)

2 Tassen Zucker, 1 Glas süßer Apfelmost, 1/2 Tasse Honig, 500 g frische Butter, 8 Eier, 1/2 Tasse gehackte Mandeln, 5 Tassen Hafermehl (oder Stärkemehl), 3 Tassen kernlose Rosinen, 1 1/2 Tassen Zitronat in kleinen Würfeln, 1 Handvoll zerkleinerte Feigen, 2 Handvoll entkernte und in Stücke geschnittene Datteln, 2 EL Kokosflocken, 1 EL Zimt und Muskatnuß, etwas abgeriebene Orangenschale, 1 kleiner EL Kakao, abgeriebene Schale von 1 Zitrone, 1 Paket Backpulver, 1/2 TL Vanillemark, 1 Glas Brandy

Mit den Fingerspitzen vermischt man die gehackten Früchte in einer Terrine mit 1 Tasse Mehl, gibt den Most, den Zucker, den Honig und die weiche Butter dazu und verarbeitet alles mit einem Holzlöffel. Dann gibt man den Rest des Mehls dazu, die Gewürze, die Vanille und die Eigelb und vermischt alles, am besten mit dem Elektroquirl. Die Eiweiß schlägt man zu steifem Schnee, den man rasch unter den Teig hebt. Man buttert zwei Plum-Cake-Formen (hohe runde Formen), deren Boden und Ränder man mit gebuttertem Pergamentpapier auslegt. Man verteilt den Teig gleichmäßig auf die beiden Formen und läßt sie bei schwacher Hitze 1 1/2 bis 2 Stunden backen. Sind die Kuchen erkaltet, übergießt man sie mit Brandy oder Rum. Will man diese Weihnachtskuchen längere Zeit aufbewahren, muß man sie in Alufolie einwickeln und von Zeit zu Zeit wieder mit Brandy oder Rum übergießen.

Russischer Pudding

(Flan Russe)

2 EL Zucker mit Vanillezucker, 2 EL Aprikosenmarmelade, 4 Eiweiß, 1 EL Rum

Man schlägt die Aprikosenmarmelade zunächst mit dem Zucker, damit sie flüssig wird. Dann schlägt man die Eiweiß zu einem möglichst festen Schnee, den man mit dem Rum an die geschlagene Konfitüre gibt, buttert eine Auflaufform und läßt die Masse im heißen Backofen 10 Minuten aufgehen und fest werden. Man muß diesen Auflauf oder Pudding im letzten Augenblick vor dem Servieren bereiten, da er ganz heiß gegessen werden sollte.

Aschenputtel-Pie
(Cinderella Pie)

Blätterteig (s. S. 11) – *Für die Garnitur:* 3 schaumig geschlagene Eier, $^{1}/_{4}$ Tasse frische Sahne, $^{1}/_{2}$ Tasse Milch, $^{1}/_{4}$ Tasse Sherry, $^{3}/_{4}$ Tasse Zucker oder Rohzucker, $^{1}/_{2}$ TL Ingwerpulver, $^{1}/_{2}$ TL Zimt, 1 TL feines Salz, 2 Scheiben in kleine Stücke zerteilter Kürbis

Man legt eine Pieform an den Rändern mit Blätterteig aus und rollt einen entsprechenden Deckel aus. Dann füllt man die Form mit allen angegebenen gut durchmischten Zutaten, kneift den Deckel an die Ränder und läßt im heißen Backofen so lange backen, bis der Deckel schön braun und aufgegangen ist.

Birnen-Pie (englisch)

500 g Hafermehl, 250 g Butter, mit 250 g Schweineschmalz gemischt, 1 TL Salz, 1 Glas Wasser (ca. $^{1}/_{4}$ l), 7–8 Birnen, 5 EL Puderzucker und etwas Vanillemark, 1 Eigelb

Man gibt das Mehl in eine Schüssel, macht oben eine Vertiefung, in der man Butter und Schweineschmalz vermengt, gibt Wasser dazu und knetet den Teig so wenig wie möglich. Dann rollt man ihn aus, schlägt ihn wieder zusammen, schlägt ihn kräftig auf das Backbrett. Dies wiederholt man zwei- bis dreimal und läßt den Teig dazwischen jeweils 10 Minuten ruhen. Ist der Teig fertig, nimmt man eine rechteckige Pie-Form und rollt einen 5 cm breiten Teigstreifen aus, mit dem man die Ränder der Form auskleidet. Auf den Boden der Form legt man die Birnen, die man geschält und aus denen man das Kernhaus entfernt hat, in Vierteln und bestreut sie mit Zucker und Vanille. Aus dem restlichen Teig rollt man einen Deckel aus, den man mit den Rändern verkneift. Man sticht den Deckel öfter mit einer Gabel ein und macht in die Mitte ein Loch, damit der Teig entweichen kann, zeichnet ein Rautenmuster darauf. Dann bepinselt man ihn mit aufgelöstem Eigelb und bäckt ihn im heißen Backofen 15 bis 20 Minuten, nimmt die Form aus dem Backofen und stellt sie auf eine kleine Flamme, damit die Birnen gar werden können.

Schweizer Plätzchen

(Petits Gâteaux Helvetia)

200 g Schichtkäse (in Frankreich verwendet man die ›petits suisses‹, Vollrahmkäse in Förmchen) oder Gervais, 200 g Mehl, 2 EL Zucker, ca. ⅛ l Milch

Man vermengt alle Zutaten zu einem Teig, der etwa die Konsistenz einer dicken Mayonnaise haben sollte. Davon setzt man kleine Häufchen auf ein gebuttertes Backblech (nicht zu dicht nebeneinander) und bäckt sie im ziemlich heißen Ofen schön goldgelb. Sie zerlaufen etwas beim Backen, schmecken aber delikat!

Amerikanischer Thanksgiving Cake

2 Eier, 1/2 Tasse Kondensmilch (10%), 1 1/2 Tassen kleingewürfelter und in wenig Wasser weichgedünsteter Kürbis, 1 Tasse brauner Rohzucker, je 1/2 TL feines Salz, Ingwerpulver und geriebene Muskatnuß, 1 knapper EL Honig, 2 Blatt Gelatine, Saft von 1 Zitrone, Schale einer ungespritzten Orange, 1 Tasse Sahne, 1 Handvoll entkernte, ungehackte Hasel- und Walnüsse

Die Eigelb werden lange und gründlich mit dem Schneebesen geschlagen, bis sie cremig sind. Dann rührt man den durch ein Sieb passierten Kürbis, die mit der Hälfte des Zuckers gesüßte Milch, Gewürze und Honig dazu, gibt diese Mischung in eine Kasserolle und läßt sie im kochenden Wasserbad fünf Minuten unter ständigem Umrühren eindicken. Inzwischen hat man die Gelatine in etwas Wasser aufgeweicht und aufgelöst und verrührt sie mit der Creme und etwas Zitronensaft. Nun schlägt man die Eiweiß mit dem restlichen Zucker zu sehr steifem Schnee, ebenso die Hälfte der Sahne und hebt beides, zusammen mit der abgeriebenen Orangenschale, unter die Creme. Das muß alles sehr rasch vor sich gehen, damit die Masse nicht schon vorher erstarrt. Sie wird in eine gebutterte Pudding- oder Kuchenform gegeben, muß im Kühlschrank ein paar Stunden steif werden und kann dann gestürzt und mit der restlichen, steif geschlagenen Sahne und Nußkernen verziert werden.

Mentzikoff (Gebäck vom Niederrhein)

3 große Rippen Kochschokolade, 1 Tasse geschälte Mandeln, 1 Tasse Puderzucker, 125 g Butter, 1 Eigelb, 2 EL Milch, 1 Likörglas Kirschwasser, 12 Löffelbiskuits – *Für die Glasur:* 1 EL Kakaopulver, 1 nußgroßes Stück Butter, 2 EL Puderzucker

Man zerstampft die Mandeln, die man vorher geschält und leicht geröstet hat, mit etwas Puderzucker. Dazu gibt man die im Wasserdampf aufgeweichte Butter und das Eigelb mit dem restlichen Zucker. Die Schokolade schmilzt man mit etwas Milch. Ist sie schön dickflüssig und noch warm, gibt man sie zu der Mandelcreme, rührt alles gut durch und läßt es erkalten. Dann belegt man den Boden einer Charlottenform oder einer Springform mit leicht mit Kirschwasser angefeuchteten Löffelbiskuits, gießt die Schokoladencreme hinein und bedeckt sie ebenfalls mit angefeuchteten Biskuits. Man legt einen Dessertteller auf die Deckschicht der Löffelbiskuits, damit das Ganze gut zusammengepreßt wird, und läßt den Kuchen mindestens 12 Stunden im Kühlschrank, bevor man ihn auf eine Kuchenplatte stürzt und mit einer Schokoladenglasur überzieht (S. 19).

Linzer Torte

2 Tassen Mehl, 4 EL Zucker, 1 TL Zimt, 1/2 Päckchen Backpulver, 1 Prise feines Salz, 125 g Butter, 2 Handvoll Mandeln, 4 Eigelb, 3 EL Rum, 3 EL Himbeerkonfitüre mit Kernen

Man vermengt die weichgewordene Butter in einer Schüssel am Herdrand mit Salz, Backpulver, Mehl und Zucker. Falls der Teig zu fest wird, kann man etwas Wasser dazugeben. Dann hackt man die geschälten Mandeln mit etwas Puderzucker sehr fein und gibt sie zum Teig, würzt mit etwas Zimt und Rum und gibt die Eigelb daran, die man mit der Gabel verquirlt hat. Ist der Teig fest und glatt, läßt man ihn an einer warmen Stelle zwei Stunden ruhen. Nach dieser Zeit legt man eine gebutterte Obstkuchenform damit aus, bestreicht ihn dick mit Himbeermarmelade und legt obenauf gitterförmig schmale, ausgerollte Teigstreifen. Man bäckt bei mäßiger Hitze etwa 15–20 Minuten.

Muffins (engl. Dessert zum Tee)

500 g Mehl, 1 nußgroßes Stück Butter, 1 Glas lauwarme Milch (ca. 1/4 l), 1 TL feines Salz, 15 g Bäckerhefe

Man vermengt das Mehl mit Salz und weicher Butter, dann löst man die Hefe in der lauwarmen Milch auf und gibt diese zum Teig, den man kurz zusammenknetet und dann drei bis vier Stunden ruhen läßt. Danach bestreut man den Teig nochmals mit Mehl und knetet ihn so lange durch, bis er sehr geschmeidig ist. Man schlägt die Teigkugel in eine mit Mehl bestreute Serviette ein und läßt ihn an einer warmen Stelle eine Stunde aufgehen. Aus diesem Teig formt man kleine längliche oder runde, nur ganz wenig abgeflachte Brötchen, die man auf ein bemehltes Backblech setzt und bei großer Hitze in den vorgeheizten Ofen setzt. Wenn die Muffins auf einer Seite Farbe angenommen haben, dreht man sie um und läßt sie auf der anderen Seite goldgelb backen. Man serviert diese Brötchen lauwarm, schneidet sie auf und bestreicht sie reichlich mit Butter.

Waffeln aus dem Wilden Westen

Für etwa 12 Waffeln: 2 Eier, getrennt, 4–5 EL feiner Zucker, 1 Prise Salz, 5 TL Backpulver, 2 Kaffeetassen Milch, 1/2 TL Vanillemark oder etwas Vanillezucker – Ahornsirup

Die Eigelb, Zucker und Vanille schlägt man ziemlich lange mit dem Mixquirl, fügt dann das gesiebte Mehl, Salz und zum Schluß die lauwarme Milch zu, in der man das Backpulver aufgelöst hat. Diese Masse wird – mit dem Mixquirl oder mit dem Schneebesen – zu einer dicken Creme geschlagen, unter die man zum Schluß die steifgeschlagenen Eiweiß zieht. Nun erhitzt man ein gefettetes Waffeleisen, gibt etwas Teig hinein und bäckt die Waffeln rasch nacheinander. Sie werden heiß, mit Ahornsirup übergossen, verzehrt. Anstelle des Ahornsirups kann man auch verdünnten Honig verwenden.

Plum-Pudding (englisch)

Für 4 Plum-Puddings: 1 kg kernlose gelbe Rosinen, 500 g Korinthen, 500 g Smyrna-Rosinen, 500 g kandiertes Orangeat und Zitronat zu gleichen Teilen, 250 g geschälte und gehackte Mandeln, 500 g feingehackter Rindertalg, von allen Häuten befreit, 250 g Mehl, 500 g Semmelbrösel, 6 gut verquirlte Eier, 1/2 l Rum oder Brandy, Zimt, Muskatnuß, Ingwer, je 1 TL

Man wäscht alle Rosinenarten, läßt sie gut abtropfen und trocknet sie in einem Tuch. Dann schneidet man Orangeat und Zitronat in dünne kleine Scheiben. Man vermischt alle Bestandteile, mit Ausnahme des Rums und der Eier, und verknetet die Masse sorgfältig und längere Zeit mit den Händen. Erst wenn die Masse gleichmäßig und homogen ist, gibt man die geschlagenen Eier und den Rum dazu.

Inzwischen brüht man vier große Leinentücher in kochendem Wasser, drückt sie aus, bestreut eine Seite mit Mehl und verteilt den Teig auf die vier Tücher, die man dann fest verschnürt, so daß vier gleichgroße Kugeln entstehen.

Diese Kugeln legt man dann in einen großen Kochtopf mit kochendem Wasser und läßt sie drei bis vier Stunden wallend kochen. Damit die Teigkugeln nicht am Boden des Topfs anlegen und braun werden, setzt man unter jede einen Dessertteller. Sind sie gar, nimmt man sie aus dem erkalteten Sud, wickelt sie aus und läßt sie einige Minuten im schwach geheizten Backofen nur abtrocknen.

Beim Anrichten werden die Puddings mit angewärmtem Rum übergossen und flambiert. Als Dekoration steckt man oben in jeden Pudding einen Stechpalmenzweig, den traditionellen Weihnachtsschmuck in angelsächsischen Ländern.

Man kann zum Plum-Pudding eine englische Sauce servieren, die man aus kochender, gezuckerter Milch, der abgeriebenen Schale einer Zitrone und 1/2 Glas Rum oder Brandy bereitet.

Die gekochten Plum-Puddings, die man aufbewahren will, müssen an einer sehr trockenen, kühlen Stelle in den Tuchhüllen aufgehängt werden. So halten sie sich zwei bis drei Monate und länger. Will man sie servieren, läßt man sie eine Stunde kochen und flambiert sie beim Servieren.

Mailänderli (Schweizer Gebäck)

(Petits Gâteaux Milanais)

250 g Mehl, 250 g Staubzucker, 125 g Butter, 3 Eigelb, 1 Prise Vanillemark, 1–2 Eigelb

Eigelb, Zucker und Vanillemark werden miteinander so lange schaumig geschlagen, bis die Eigelb fast weiß sind. Dazu gibt man die ebenfalls schaumig gerührte Butter und das gesiebte Mehl und verarbeitet alles zu einem festen, geschmeidigen Teig, den man eine Stunde ruhen läßt. Anschließend rollt man ihn 1/2 cm dick aus und sticht mit einem Glas runde Plätzchen aus, die man mit in Wasser verquirltem Eigelb bestreicht. Sie werden auf einem gebutterten Backblech im schwach geheizten Ofen 20–25 Minuten goldgelb gebacken.

Amerikanische Weihnachtstorte, ungebacken

(White Christmas Pie)

3 Tassen Milch, 1 knappe Tasse Wasser, 1/2 TL Vanillemark, 5 EL Staubzucker, 1/2 Tasse feingehackte kandierte Früchte (Zitronat und Orangeat), 1/2 Tasse geschälte, gehackte Mandeln, 1/2 TL Ingwerpulver, 3 Eiweiß, 1/4 l Sahne, abgeriebene Schale von 1 ungespritzten Orange, 2 Blatt Gelatine

Die Gelatine wird in etwas Wasser aufgelöst. Inzwischen erhitzt man die Milch, gibt 2 EL Zucker dazu, rührt die Gelatine ein, bis die Masse anfängt, dicklich zu werden. Nun fügt man die Hälfte der gehackten kandierten Früchte und der Mandeln, das Vanillemark und das Ingwerpulver dazu (statt des Pulvers kann man auch 1 TL gehackte eingelegte Ingwerwurzel verwenden), und hebt zum Schluß die steifgeschlagenen Eiweiß unter. Die Masse wird in eine gebutterte Puddingform gefüllt und muß im Kühlschrank einige Stunden erstarren. Dann kann man sie stürzen. Sie wird mit Sahne verziert, die man mit dem restlichen Zucker und der abgeriebenen Orangenschale steifgeschlagen hat, mit den restlichen gehackten Früchten und Mandeln bestreut und schließlich mit einem kleinen künstlichen Weihnachtsbaum oder mit einem Stechpalmenzweig dekoriert.

Rolly-Polly (englisch)

250 g Mehl, 125 g Rindernierenfett, 1 EL Puderzucker, 1/2 Glas Pflaumen- oder Johannisbeerkonfitüre, 1 TL feines Salz, 1/2 Glas Wasser (ca. 1/8 l), 1/2 Glas Rum

Zunächst muß man sich vergewissern, daß das Nierenfett ganz trocken ist, dann löst man sorgfältig die Haut und alle Sehnen aus dem Fett und hackt es so fein wie möglich. Man häuft das Mehl auf, macht eine Vertiefung und gibt Fett, Zucker, Wasser und Salz hinein, mischt alles gut durch, ohne zu viel zu kneten, und formt aus dem Teig eine Kugel. Diese muß eine gute Stunde im Kühlschrank ruhen, dann rollt man sie auf eine Dicke von etwa 1 cm aus. Darauf streicht man eine gute Schicht Konfitüre und rollt den Teig zu einer Roulade auf, deren Enden man verknetet, damit keine Konfitüre austreten kann. Diese Rolle wikkelt man in eine Serviette, die man auf der Innenseite leicht gebuttert und mit Mehl bestreut hat, verschnürt die Enden und läßt sie in reichlich kochendem Wasser anderthalb Stunden garen. Vor dem Servieren wickelt man die Rolle aus der Serviette, schneidet sie in Scheiben, die man auf einer vorgewärmten Platte anrichtet, und gibt noch Konfitüre darüber, die man mit Wasser und Rum erhitzt und verdünnt hat. Diese Platte läßt man bis zum Servieren im offenen, noch warmen Backofen, denn das Gericht, das sehr schwer ist, muß möglichst heiß gegessen werden, um verdaulich zu sein.

Sütterlin-Sandgebäck vom Niederrhein

200 g Butter, 300 g Mehl, 200 g Zucker, 1/2 Glas Erdbeer- oder Kirschkonfitüre, 2 EL Puderzucker

Butter und Zucker werden schaumig gerührt. Dann gibt man nach und nach das Mehl dazu, knetet einen festen Teig und läßt ihn 30 Minuten ruhen. Er wird 1 cm dick ausgerollt und zu kleinen runden Plätzchen ausgestochen. Die Hälfte der Plätzchen werden mit Konfitüre bestrichen, die restlichen Plätzchen daraufgesetzt, sie werden bei schwacher Hitze auf einem bemehlten Blech gebakken. Sie werden noch heiß mit Puderzucker bestäubt und lauwarm gegessen.

Amerikanische Honigplätzchen

(Honey Cup Cakes – ergibt 2 große Tassen)

2 Tassen Hafermehl (notfalls Stärkemehl), 1 knappe Tasse rohe Milch oder noch besser: 1 Becher Joghurt, 2 frische Eier, 1 nußgroßes Stück Butter, 2 EL Honig, die abgeriebene Schale einer ungespritzten Orange, 1/2 TL doppeltkohlensaures Natron, 1 TL Backpulver

Die weiche, aber nicht zerlaufene Butter wird erst mit Zucker und Honig, dann mit den Eigelb verrührt. Nun fügt man – Reihenfolge beachten! – Milch oder Joghurt, die abgeriebene Orangenschale, Mehl und Treibmittel dazu und verarbeitet alles zu einem glatten, zähflüssigen, aber geschmeidigen Teig. Man gießt ihn in zwei gebutterte Törtchenformen und bäckt die ›Tassenkuchen‹ im mittelheißen Ofen 20–25 Minuten. Man kann die gestürzten Törtchen auch mit Schokoladenglasur verzieren.

Schwedische Plätzchen

4 EL Zucker, 250 g Mehl, 40 g Butter, 30 bittere Mandeln, 1 Msp Salz – *Zur Garnitur:* 1 Eiweiß, 1 Handvoll süße Mandeln

Die Bittermandeln schälen und durch die Mandelmühle treiben. Mit der zerlassenen Butter, dem Zucker, Mehl und Salz vermengen und gründlich durchkneten. Auf einem bemehlten Backblech 1 cm dick ausrollen. Mit einem Glas runde Plätzchen ausstechen, auf ein bemehltes Backblech setzen. 1 Eiweiß schaumig schlagen, auf die Plätzchen verteilen, geschälte, gehackte Mandeln als Garnitur darüberstreuen und im mittelheißen Ofen ca. 20 Minuten backen.

Dänischer Apfelpudding

1/8 l Sahne, 6 schöne, große Äpfel, ca. 100 g Zucker (je nach Süße der Äpfel etwas mehr oder weniger), 1/4 l Rotwein, 1 Stückchen Zimtstange, Schale einer Zitrone (ungespritzt), reichlich Semmelbrösel, 1 nußgroßes Stück Butter, 2 EL Puderzucker

Die geschälten und in Stücke geschnittenen Äpfel werden mit Zukker, Zimt und Zitronenschale in Rotwein weichgedünstet. Die Äpfel sollen so weich sein, daß man sie zerdrücken kann, und die Flüssigkeit muß ganz aufgesogen sein. Eine feuerfeste, gefettete Form wird dick mit Semmelbrösel ausgestreut und das Apfelkompott (Zitronenschale und Zimtstange entfernen!) schichtweise hineingegeben. Jede Schicht mit ein paar Butterflöckchen belegen. Obenauf streut man Puderzucker. Im mäßig heißen Ofen wird der Pudding 1 Stunde gebacken und mit steifgeschlagener, gezuckerter Sahne bedeckt serviert.

Hollywood-Pudding

2 Tassen ungekochte Milch, 3/4 Tasse brauner Rohrzucker oder Kristallzucker, 1/2 TL Vanillemark, 2 knappe EL Stärkemehl (oder Arrowroot), 2 knappe EL Kakaopulver, 1 Tasse frische Sahne, 2 EL Puderzucker

Man löst sorgfältig Mehl und Kakaopulver in der gezuckerten Milch auf und läßt sie langsam unter ständigem Umrühren kochen, bis die Mischung dick wird. Dann gibt man das Vanillemark dazu, gießt die Masse in kleine Formen aus Porzellan und bedeckt sie, wenn sie kalt und fest geworden sind, mit gezuckerter, steif geschlagener Schlagsahne.

Mazapanes (spanisch)

1 Tasse Mandeln oder halb Mandeln, halb Haselnüsse, 2 Tassen Puderzucker, 2 Eiweiß

Man schält die Mandeln und evtl. Haselnüsse, trocknet sie gut ab und zerstößt sie am besten in einem Mörser zusammen mit dem Puderzucker. Dann hebt man die Eiweiß unter. Diesen weichen Teig füllt man in eine Spritztüte mit runder Öffnung und spritzt damit auf ein mit gefettetem Pergamentpapier belegtes leicht geöltes Backblech längliche Häufchen auf, die man langsam im ganz schwach geheizten Backofen 6–8 Stunden trocknen läßt. Danach schneidet man in die Plätzchen einen Längsschnitt, damit sie wie Brötchen aussehen. Um sie abzulösen, feuchtet man das Pergamentpapier von unten an.

Schottische Teekuchen
(Scones)

250 g Mehl, 1 TL Weinstein (in Apotheken und Drogerien erhältlich), 1 TL doppelkohlesaures Natron, 1 EL Zucker, 1 TL Salz, ca. 1/5 l Milch, 50 g Butter

Man buttert eine Gußeisenplatte oder eine große, saubere Bratpfanne aus und läßt sie auf dem Ofen heiß werden. Inzwischen gibt man das mit Weinstein und doppeltkohlensaurem Natron gemischte Mehl in eine Schüssel, fügt Zucker und Salz hinzu und knetet unter eßlöffelweiser Zugabe von Milch einen geschmeidigen Teig. Er wird auf einem mit Mehl bestreuten Blech mit den Händen ca. 1 cm dick flachgedrückt (nicht ausrollen!). Daraus sticht man mit einem Glas runde Plätzchen und setzt sie auf die heiße Gußeisenplatte oder Pfanne. Sie werden, unter lediglich zweimaligem Wenden, sehr rasch gebacken und heiß mit Konfitüre gereicht. – Will man die Scones im Ofen backen, mischt man 30 g Butter oder Schweineschmalz unter den Teig.

Schweizer Roulade
(Suisse Roll)

3 Eier, 3 EL Mehl, 3 EL Zucker, 30 g Butter, 1 Päckchen Backpulver, 2–3 EL Aprikosenkonfitüre oder Johannisbeergelee

Man schlägt die Eigelb und den Zucker schaumig, gibt das gesiebte Mehl und die cremig gerührte Butter dazu und rührt zum Schluß das Backpulver ein. Den Teig auf ein gebuttertes Blech geben und flach verteilen. 10 Minuten im mäßig heißen Ofen backen und auf ein etwas angefeuchtetes Brett stürzen (so läßt er sich leichter rollen). Mit Konfitüre oder Gelee bestreichen und rasch zu einer Roulade zusammenrollen. Erkaltet in Scheiben schneiden.

Früchtebrot (englisch)
(Plum Cake)

500 g Mehl, 250 g Puderzucker, 250 g Butter, 5 Eier, 1 TL feines Salz, 1 Paket Backpulver, 3 EL Korinthen und Malagarosinen, 2 EL Rum, 60 g kandierte Früchte, einige Mandeln

Man erhitzt eine Schüssel, gibt Butter und Zucker hinein und dann nacheinander die fünf Eier und schlägt diese ganze Mischung mit dem Elektroquirl schaumig. Erst dann fügt man das Mehl dazu und die gewaschenen Rosinen, die man in Rum eingeweicht hat. Zum Schluß arbeitet man das Backpulver und die in kleine Würfel geschnittenen kandierten Früchte (vorwiegend Orangeat und Zitronat) unter den Teig. Dann legt man eine Kastenform mit gebuttertem Pergamentpapier aus, gießt den Teig hinein und bäckt ihn bei geringer bis mäßiger Hitze mindestens 1 1/2 Stunden. Kurz vor Ende der Backzeit legt man die geschälten und halbierten Mandelkerne als Dekoration auf den Kuchen.

Italienischer Kuchen mit getrockneten Äpfeln

(Tarte italienne)

7 EL Mehl, 50 g Butter, 7 TL Staubzucker, 1 Ei, 1 Likörglas Rum, 1 Prise Salz, 1/2 Päckchen Backpulver, 1 Tasse getrocknete Apfelscheiben (Backobst), 1 EL Aprikosenmarmelade

Man vermengt das Ei mit der Hälfte des Zuckers, fügt Mehl, Rum und die schaumig gerührte Butter hinzu und ganz zum Schluß Salz und Backpulver. Der Teig muß geschmeidig sein. Er wird ausgerollt und auf ein gebuttertes Blech gelegt. Darauf verteilt man die gewaschenen und in kochendem Wasser eingeweichten und abgetropften Äpfel, bestreut sie mit dem restlichen Zucker und bäckt den Kuchen im schwach geheizten Backofen ca. 20 Minuten. Sobald der Kuchen aus dem Rohr kommt, wird er mit in etwas heißem Wasser verrührter Aprikosenmarmelade beträufelt.

Schweizer Soufflés zum Tee

(Soufflés suisses)

3 Eigelb, 2 Eiweiß, 1/5 l Milch (ca.), 2 EL Mehl, 30 g Butter, 1 EL geriebener Emmentaler oder Parmesan, 1 Tasse frische Sahne

Butter und Mehl werden zu einer hellen Mehlschwitze verrührt, die Milch dazugegeben, daraus eine sehr dicke Béchamelsauce verrührt. Vom Feuer nehmen, zunächst einzeln die Eigelb darunter rühren und schließlich die zu steifem Schnee geschlagenen Eiweiß unterziehen. Den geriebenen Käse (1 EL zurückbehalten) unter die Masse mischen, diese in gebutterte Tonförmchen (Cocottes) oder Törtchenformen verteilen und in einen flachen, breiten Topf mit kochendem Wasser setzen. Im Wasserbad ca. 15 Minuten garen, in eine feuerfeste Form stürzen, mit Sahne begießen, mit dem restlichen Käse bestreuen und im heißen Ofen 10 Minuten überbacken.

Englischer Schaumkuchen

(Spunge Cake)

2 frische Eier, je 2 Eischwer Mehl, Zucker und Butter (d.h. ebensoviel von jeder dieser Zutaten, wie das Gewicht der beiden Eier beträgt), 1 TL Weinstein (Apotheke), 1 Prise Salz

Man schlägt Eigelb und Zucker weiß und schaumig, rührt dann die Butter schaumig, fügt die Eigelbmasse, das gesiebte Mehl und Weinsteinpulver dazu und rührt alles gut durch. Zum Schluß hebt man die zu steifem Schnee geschlagenen Eiweiß unter und gießt den Teig in eine gebutterte Kastenform. Der Kuchen wird bei mäßiger Hitze 30–40 Minuten gebacken. Man prüft mit einer Stricknadel, ob der Kuchen durchgebacken ist: sie muß trocken sein, wenn man sie aus dem Kuchen zieht.

Kuchenbrot aus Alicante

125 g Mandeln, 125 g Puderzucker, 1 TL Orangenblütenwasser, 1 kandierte Orangenschale (Orangeat), 1 Likörglas Rum, 3 Eiweiß, abgeriebene Zitronenschale, 2 EL Grießzucker

Man zerdrückt die geschälten Mandeln mit etwas Zucker im Mörser und gibt etwas Orangenblütenwasser dazu, damit das Mandelöl sich nicht verflüchtigt. Dann schlägt man Eigelb mit Zukker und Rum mit dem Elektroquirl schaumig, gibt die abgeriebene Zitronenschale und das in kleine Stücke geschnittene Orangeat dazu und vermengt alles vorsichtig. Aus der Masse formt man längliche Stäbchen, die man mit Eiweiß bepinselt und dann in Grießzucker wälzt, auf ein bemehltes Backblech legt und im heißen Backofen 7–8 Minuten bäckt.

Kleingebäck und Petits fours

Biarritz

100 g geschälte, gemahlene Mandeln, 100 g Puderzucker, knapp 100 g Butter, 2 Eiweiß, 2 EL Mehl – *Für die Garnitur:* einige Rippen Kochschokolade, 25 g Butter

Man vermischt die gemahlenen Mandeln, den Puderzucker und die cremig gerührte Butter zu einer geschmeidigen Masse, zieht darunter löffelweise das gesiebte Mehl und hebt zum Schluß die steifgeschlagenen Eiweiß unter. Davon sticht man mit einem Teelöffel kleine Häufchen ab und setzt sie nebeneinander auf ein gebuttertes Backblech. Wenn der Teig sehr steif und fest ist, plattet man die Häufchen etwas ab (andernfalls laufen sie ohnehin beim Backen etwas auseinander). Sie werden lediglich fünf Minuten bei starker Hitze knusprig gebacken. Während sie erkalten, bereitet man die Schokoladenglasur, indem man die Kochschokolade mit ganz wenig Wasser unter ständigem Rühren schmelzen läßt und mit der Butter vermischt. Damit überzieht man die Plätzchen mit Hilfe eines Messers gleichmäßig und läßt die Glasur erstarren.

Einfache kleine Brioches

(Petites brioches simples)

2 Eier, 1 Tasse frische Sahne, 30 g Zucker, 250 g Mehl, 1/2 Päckchen Backpulver, 50 g Butter, 1 Prise Salz, 1 Eigelb

Man schlägt die Eier schaumig, wie für eine Omelette, und fügt dann nach und nach Zucker, Mehl, löffelweise die Sahne und schließlich die weiche Butter dazu. Nun wird der Teig mit einem Elektroquirl so lange geschlagen, bis er geschmeidig ist. Dann erst fügt man Salz und Backpulver dazu und setzt mit Hilfe eines Eßlöffels kleine Häufchen davon auf ein gebuttertes Blech. Die Brioches werden bei schwacher Hitze in den Ofen geschoben. Nach fünf Minuten wird die Hitze etwas erhöht. Die Backzeit beträgt 15–20 Minuten. Kurz vor Ende der Backzeit kann man die Brioches mit etwas in Wasser verquirltem Eigelb bestreichen.

Kleine schnelle Plätzchen

(Petits cakes instanés)

1 Ei, jeweils das entsprechende Gewicht in Puderzucker und Butter, 1 Prise feines Salz

Man verarbeitet diese Bestandteile einige Minuten. Dann buttert man kleine Förmchen aus, in die man diesen Teig einfüllt und im schwach geheizten Backofen 10 Minuten backen läßt.

Kleine Blätterteigplätzchen zum Tee

(Petits carrés feuilletés pour le thé)

500 g Hafermehl, 125 g frische Butter, 125 g Schweineschmalz, 4 Prisen Salz, 3 TL Staubzucker, 1 Eigelb, ca. ⅛ l kaltes Wasser, 1 Eigelb

Aus allen Zutaten (mit Ausnahme des Eigelbs) bereitet man einen Blätterteig, wie auf Seite 11 beschrieben. Den gut verarbeiteten Teig rollt man dünn aus, schneidet mit einem gezackten Teigrädchen kleine Quadrate aus und zieht darauf mit einer Gabel feine Linien. Die Plätzchen werden mit in etwas Wasser verquirltem Eigelb bepinselt und im heißen Backofen 10–12 Minuten gebacken. Die Plätzchen müssen stark aufgehen, etwa um das Doppelte ihrer Höhe, deshalb muß der Teig sehr dünn ausgerollt werden.

Croquignoles

Für 2–4 Personen: 2 EL Mehl, 1 EL Zucker, 1 Eiweiß, etwas abgeriebene Zitronenschale oder 1 TL Orangenblütenwasser

Man schlägt das Eiweiß zu festem Schnee, hebt Zucker, Mehl und Aroma unter und gibt den Teig in kleinen Häufchen auf ein gebuttertes Backblech. Die Croquignoles müssen bei sehr schwacher Hitze ca. sieben Minuten backen.

Zigaretten

(Cigarettes)

Für etwa 20 Stück: 1 Ei, 1 nußgroßes Stück Butter, 1 TL Backpulver, 1 EL Zucker, 1 EL Honig oder Konfitüre, 2 Tassen Mehl

Man schlägt das Ei zusammen mit dem Zucker schaumig und gibt die erweichte Butter dazu. Dann fügt man das Mehl, den Honig oder die Konfitüre sowie Backpulver an die Masse, die man kräftig vermengen muß, um einen geschmeidigen Teig zu erhalten. Man rollt ihn auf einem bemehlten Backbrett aus und schneidet davon Streifen, die man zur Form von Zigaretten zusammenrollt. Im schwach geheizten Backofen läßt man sie ungefähr 15 Minuten backen.

Parmesanplätzchen zum Tee

(Fondants au parmesan)

Für den Teig: 250 g Mehl, 250 g Butter, 150 g geriebener Gruyère oder Parmesan (möglichst kein Emmentaler, da dieser wesentlich fettreicher ist) – *Für die Béchamelsauce:* 1 EL Mehl, 1 nußgroßes Stück Butter, 1 Tasse Sahne oder Milch, 50 g geriebener Parmesan oder Gruyère, 1 Prise Cayennepfeffer – kein Salz!

Man knetet Mehl und schaumig gerührte Butter mit wenig lauwarmem Wasser zu einem lockeren Teig, den man nicht zu stark bearbeitet – er darf nicht zu fest werden! Dazu gibt man den Käse, formt aus dem Teig eine Kugel und rollt ihn 1/2 cm dick aus. Mit einem Glas sticht man davon runde Plätzchen aus, die man auf ein gebuttertes Blech setzt und im heißen Ofen 10–12 Minuten backen läßt. Inzwischen verrührt man Butter und Mehl zu einer hellen Mehlschwitze, füllt mit Sahne oder Milch auf und läßt die Béchamelsauce 10 Minuten dick einkochen. Sie wird mit geriebenem Käse und Cayennepfeffer gewürzt. Mit dieser Creme bestreicht man die Hälfte der Plätzchen, setzt die restlichen Plätzchen darauf und serviert das Gebäck lauwarm oder kalt.

Tütchen und Zigaretten

(Cornets et cigarettes)

1 Eiweiß, 2 EL Zucker, 1 EL Mehl, 1 EL frische Butter, 1–2 EL ungekochte Milch, 1 Prise Vanillemark oder abgeriebene Zitronenschale

Man vermischt den Zucker mit Vanille oder abgeriebener Zitronenschale, Mehl und der zerlassenen Butter, verdünnt den Teig mit der Milch und gibt anschließend das zu steifem Schnee geschlagene Eiweiß dazu. Man buttert ein Backblech und bestreut es mit Mehl, rollt den Teig dünn aus, teilt ihn und sticht aus einer Hälfte runde Plätzchen für die Tütchen aus. Die andere Hälfte schneidet man für die ›Zigaretten‹ in schmale Streifen. Beides wird im heißen Ofen sechs bis sieben Minuten gebakken und dann rasch, noch heiß, zu Tütchen, bzw. zu ›Zigaretten‹ gerollt. Da der Teig, sobald er abkühlt, steif wird und sich nicht mehr rollen läßt, nimmt man nur jeweils wenige Teigrondelle oder -streifen vom Blech und setzt, während man sie ausrollt, das Blech wieder in den geöffneten, noch warmen Ofen zurück.

Heiße Croissants

(Croissants chauds)

Für etwa 30 Stück: 1 kg Mehl, 30 g frische Bäckerhefe, 150 g Butter, 1/2 l lauwarme Milch, 1 TL feines Salz, 2 Eigelb

Man löst die Hefe in der lauwarmen Milch auf. Dann häuft man das Mehl auf ein Backbrett, macht oben eine Vertiefung, in die man Hefe und Milch gießt, und knetet einen Teig, den man 1–2 Stunden ruhen läßt. Dann rollt man den Teig auf 1/2 cm Dicke aus und legt darauf kleine Butterflöckchen, schlägt die vier Ecken des Teigs über der Butter zusammen und rollt den zusammengelegten Teig erneut auf 1/2 cm Dicke aus. Man wiederholt diesen Vorgang viermal. Dann schneidet man den ausgerollten Teig in Quadrate von etwa 15 cm Seitenlänge, schlägt diese diagonal zu einem Dreieck zusammen und rollt diese Dreiecke von der Spitze her zu Hörnchen zusammen, die man mit verdünntem Eigelb bepinselt. Man bäckt die Hörnchen im mittelheißen Backofen 15 bis 20 Minuten.

Rosas kleine Croissants

(Petits croissants de Rosa)

Für etwa 40 Stück: 200 g Butter, 100 g geriebene Haselnüsse oder geschälte, gehackte Mandeln oder 50 g von jeder Sorte, 100 g Zucker, 250 g Mehl, 1 Eigelb, 2 EL Milch, 2–3 EL Puderzucker

Man siebt das Mehl auf ein Backbrett und gibt nacheinander den Zucker, die geriebenen Mandeln oder Haselnüsse, die schaumig gerührte Butter und das Eigelb dazu. Man knetet alles vorsichtig – mit den Fingerspitzen – zu einem geschmeidigen Teig. Falls nötig, gibt man 1–2 EL Milch dazu. Der Teig muß 15 Minuten ruhen, bevor man ihn zu einer Rolle von ca. 4 cm Durchmesser ausrollt. Diese schneidet man zu 1 cm dicken Scheiben, rollt die Scheiben wiederum zu kleinfingerdicken Röllchen und biegt diese zu Hörnchen zurecht. Die Hörnchen werden auf einem gebutterten Blech im mittelheißen Ofen ca. 15 Minuten blaßgelb gebacken und noch heiß mit durchgesiebtem Puderzucker bestreut. Man läßt sie am besten auf dem Backblech erkalten, damit sie nicht so leicht brechen.

Kleine Vanillehörnchen

(Petits croissants à la vanille)

250 g Mehl (evtl. etwas mehr oder weniger, je nach Beschaffenheit), 3 Päckchen Vanillezucker, 1/2 Päckchen Backpulver, 1 Handvoll geschälte und gehackte oder geriebene Mandeln, 100 g Butter, 1 Prise Salz, 2 TL Staubzucker (evtl. etwas mehr)

Man häuft das gesiebte Mehl auf einem Backbrett auf und gibt 2 Päckchen Vanillezucker dazu, anschließend die schaumig gerührte Butter und 1 Prise Salz, und knetet daraus einen ziemlich festen Teig, dem man ganz zum Schluß das Backpulver und die mit 1 TL Zucker vermischten Mandeln zufügt. Daraus formt man kleine Hörnchen, bäckt sie auf einem gebutterten Backblech im mittelheißen Ofen goldgelb und bestreut sie noch warm mit dem restlichen, mit etwas Zucker vermischten Vanillezucker.

Eiweißmakronen
(Petits fours aux blancs d'oeuf)

2 Eiweiß, 2 EL Puderzucker, 1 TL geschälte und feingehackte Mandeln

Man schlägt die Eiweiß zu einem sehr steifen Schnee, unter den man den Puderzucker mischt, und setzt diesen Teig mit einem TL in Häufchen wie Haselnüsse auf das Backblech. (Auf genügend Zwischenraum achten, die Makronen zerlaufen etwas). Man bäckt im ganz schwach geheizten Backofen, so daß das Gebäck eher trocknet und nicht zu stark auseinanderfließt.

Damenfinger mit Schokolade
(Doigts de Dame au chocolat)

4 Eiweiß, 450 g Zucker, 125 g Kochschokolade

Man schmilzt die Schokolade mit 1 EL Wasser und vermengt sie sorgfältig mit 200 g Zucker. Nun kocht man aus 250 g Zucker einen Sirup bis zur großen Perle (s. S. 17), den man mit den steifgeschlagenen Eiweiß zu der Schokoladenmasse gibt.
Man buttert ein Backblech, bestäubt es mit Mehl, setzt die Masse in Form von kleinen Stäbchen darauf und bäckt bei offenem Backofen und sehr geringer Hitze 20 bis 30 Minuten.

Damenfinger mit Kaffee
(Doigts de Dame au café)

300 g Zucker, 2 Eiweiß, 1 TL Kaffee-Essenz oder Pulverkaffee

Man verfährt wie im vorherigen Rezept, das heißt, man vermengt 100 g Zucker mit der Kaffee-Essenz und kocht einen Sirup bis zur großen Perle (s. S. 17), den man zu den zu steifem Schnee geschlagenen Eiweiß gibt. Man vermischt alles gut, gibt die Masse in Form kleiner Stäbchen auf ein gebuttertes und mit Mehl bestäubtes Backblech und bäckt bei ganz schwach geheiztem, offenen Backofen 20 bis 30 Minuten.

Damenfinger mit Orange
(Doigts de Dame à l'orange)

Dieselben wie im vorigen Rezept, nur ersetzt man den Kaffee durch Orangensaft und abgeriebene Orangenschale

Zubereitung wie im vorstehenden Rezept.

Damenfinger mit Zitrone oder Vanille
(Doigts de Dame au citron ou à la vanille)

Zutaten und Zubereitung wie im Rezept ›Damenfinger mit Kaffee‹ (siehe S. 106), als Geschmackszutaten fügt man entweder abgeriebene Schale einer halben Zitrone oder 1/2 TL Vanillemark (bzw. 2 Päckchen Vanillezucker) bei.

Butterplätzchen
(Gâteaux fondants)

2 EL Mehl, 4 EL Zucker, 1 Prise feines Salz, 1 Tasse frische Sahne, 1 Stück Butter von der Größe von 2 Eiern

Man schmilzt die Butter und vermischt sie mit dem Mehl, Salz, Zucker und Sahne. Hat man einen ziemlich gleichmäßigen Teig erzielt, setzt man ihn teelöffelweise auf ein gebuttertes Backblech und bäckt im heißen Backofen 5–10 Minuten. (Die Plätzchen nicht zu dicht nebeneinander setzen, sie zerlaufen beim Backen.)

Schokoladenplätzchen
(Petits gâteaux au chocolat)

60 g geriebene Schokolade, 60 g Zucker, 60 g fein gehackte Mandeln, 3 Eiweiß, 1 Päckchen Vanillezucker

Man schlägt die Eiweiß zu festem Schnee und vermengt sie mit den übrigen Bestandteilen. Mit diesem Teig füllt man kleine Törtchenformen zur Hälfte. Backzeit im mittelheißen Backofen: 15 Minuten.

Mandelmakronen

(Petits fours amandines)

125 g Puderzucker, 125 g Mandeln, 1 EL Mehl, 1 Msp Vanillemark, 2 Eiweiß

Man schält die Mandeln und hackt sie zusammen mit Zucker und Vanille fein. Dann gibt man das Mehl dazu und schlägt die Eiweiß zu einem festen Schnee, den man vorsichtig unter den Mandelteig hebt. Man buttert ein Backblech, bestäubt es mit etwas Mehl und setzt den Teig löffelweise darauf, wobei man ihn rund läßt oder in die Länge zieht. Man kann auch den Teig mit einer Spritztüte mit gezackter oder runder Öffnung aufspritzen. Die Makronen müssen bei mäßiger Hitze 12–15 Minuten goldgelb backen. Man löst sie vom Backblech mit einem Messer, das man etwas geölt hat.

Makronen

(Macarons)

250 g Puderzucker, 125 g trockene Mandeln, 2 Eiweiß, 1/2 TL Vanillemark

Man schält die Mandeln, die man kurz überbrüht hat, dann zerstampft man sie mit etwas Zucker in einem Mörser oder mahlt sie in der Mandelmühle. Dazu gibt man den Rest des Zuckers sowie die zu steifem Schnee geschlagenen Eiweiß und setzt kleine Häufchen auf ein geöltes oder gebuttertes Backblech. Man bäckt sie im ganz schwach geheizten Backofen 15–20 Minuten.

Huguette-Plätzchen

(Gâteaux Huguette)

250 g Mehl, 50 g Butter, 1 EL Stärkemehl, 1 Prise Salz, 1 EL Zucker, 1/2 Glas ungekochte Milch (ca. 1/8 l), 1 Eigelb

Man verknetet sorgfältig die Butter mit Mehl und Stärkemehl und gibt ungekochte Milch sowie Salz und Zucker dazu.
Diesen Teig läßt man eine Stunde ruhen, rollt ihn auf eine Dicke von 1 cm aus und sticht mit einem Likörglas kleine Plätzchen aus, die man mit in etwas Wasser aufgelöstem Eigelb bepinselt und im heißen Backofen 10–12 Minuten bäckt.

Zarte Katzenzungen
(Langues de chat fondantes)

60 g Mehl, 60 g Zucker, 1 eigroßes Stück Butter, 1 Prise Vanillemark, 2 Eiweiß

Man verrührt in einer Schüssel die Butter mit dem Mehl und dem Vanillepulver und gibt erst im letzten Moment die schaumig geschlagenen Eiweiß dazu. Man buttert ein Backblech und verteilt darauf in einigem Abstand Teigstreifen in Form einer Zunge, am besten mit Hilfe einer Spritztüte, und bäckt sie im heißen Ofen fünf Minuten.

Plätzchen mit Konfitüre
(Petits fours à la confiture)

250 g Mehl, 100 g Butter, 2 EL Milch, 1 EL Zucker, 1 Prise Salz, 1/2 Päckchen Backpulver, 3 EL Himbeer- oder Johannisbeergelee, 2 EL Puderzucker

Man vermengt Mehl und schaumig gerührte Butter, Zucker und Salz mit etwas Milch, verknetet alles gut und fügt zuletzt das Backpulver hinzu. Der Teig wird 1/2 cm dick ausgerollt, zu runden Plätzchen ausgestochen und diese fünf Minuten auf einem gebutterten Backblech bei mittlerer Hitze gebacken. Dann nimmt man sie aus dem Ofen, bestreicht die Hälfte davon mit Himbeer- oder Johannisbeergelee, setzt die restlichen Plätzchen darauf und läßt sie nochmals fünf Minuten backen. Man bestreut sie noch heiß mit Puderzucker.

Schnelle knusprige Plätzchen
(Gâteaux croquants instanés)

Für 1 Teller: 1 Tasse Mehl, 1 Tasse Butter, 1 Tasse Zucker, 1 Prise Salz

Man verknetet alle Bestandteile und rollt den Teig möglichst dünn aus. Daraus schneidet man Streifen von 5–6 cm Breite und teilt sie in viereckige Stücke und sticht diese Plätzchen mehrmals mit der Gabel an. Man bäckt sie auf einem gebutterten Backblech im heißen Backofen 7–8 Minuten.

Kleine Teekuchen

(Petites galettes de plomb pour le thé)

250 g Mehl, 1 EL Zucker, 1 Ei, 150 g Butter, 1 EL Sahne, 1 Eigelb

Man siebt das Mehl auf ein Brett, macht in die Mitte eine Vertiefung und gibt Zucker, Salz, die schaumig gerührte Butter und das Ei sowie etwas Sahne hinein. Daraus knetet man, von außen nach innen, einen festen Teig, formt ihn zu einer Kugel, rollt ihn aus, verknetet ihn nochmals kräftig und wiederholt diese Prozedur ein drittes Mal. Nun läßt man die Teigkugel an einem nicht zu kühlen Ort 30 Minuten ruhen, rollt ihn dann auf einem bemehlten Brett ca. 3 cm dick aus und formt daraus kleine runde oder ovale Küchlein, auf die man mit einer Gabel oder mit einem Messerrücken Linien einritzt. Die Teekuchen werden mit in etwas Wasser verquirltem Eigelb bepinselt und auf einem gebutterten Blech im mäßig heißen Ofen 15–20 Minuten gebacken.

Kleine Engelswurzplätzchen

(Petits gâteaux à l'angelique)

Für 1 Teller: 3 Eiweiß, 2 EL Mehl, 2 EL Puderzucker, 1 Päckchen Vanillezucker, 1 Stiel kandierte Engelswurz

Um diese kleinen Kuchen herzustellen, braucht man kleine runde Törtchenformen mit niedrigem Rand von 6–7 cm Durchmesser.
Man gibt die schaumig gerührte Butter in eine Schüssel und verknetet sie einige Zeit mit dem Zucker und dem Mehl. Dann schlägt man die Eiweiß zu steifem Schnee, den man mit Vanille und der in ganz kleine Stücke zerschnittenen Engelswurz zu dem Teig mischt. Man buttert die Törtchenformen, legt in jede je einen Teelöffel Teig und läßt sie im schwach geheizten Backofen 10 Minuten backen. Man stürzt die Kuchen aus den Förmchen und läßt sie auf einem Backblech im abgeschalteten Backofen trocknen. Dann bestreut man sie mit Puderzucker und legt auf jeden Kuchen ein kleines Stück Engelswurz.

Makronen von Amiens

(Macarons d'Amiens)

Die Makronen aus Amiens sind besonders bekannt, ähneln aber im Prinzip den im vorhergehenden Rezept beschriebenen. Sie haben allerdings einen festeren Teig, der mehr Mandeln enthält, und halten sich entsprechend länger frisch.

150 g Mandeln, 1 Eiweiß, 150 g Staubzucker, mit Vanille gewürzt, 1 EL Aprikosenkonfitüre

Man mahlt die geschälten Mandeln in der Mandelmühle, vermischt sie mit Zucker und Aprikosenkonfitüre und hebt dann das zu steifem Schnee geschlagene Eiweiß darunter. Man läßt diesen Teig über Nacht an einem kühlen Ort ruhen und teilt ihn am nächsten Tag in kleine, abgeflachte Kugeln, die man auf gefettetem Pergamentpapier eine Viertelstunde im schwachgeheizten Backofen bäckt.

Kékis (Plätzchen zum Picknick)

Für 8 Personen: 3 ganze Eier, jeweils dasselbe Gewicht der Eier in Butter, Mehl und Zucker, 50 g Zitronat, 50 g Engelswurz, kandiert, 50 g Rosinen und Korinthen, gemischt, kandierte Kirschen, 2 Likörgläser Rum, 1/2 Päckchen Backpulver

Man schneidet oder hackt die kandierten Früchte in kleine Würfel und läßt sie in Rum ziehen. Inzwischen bereitet man den Teig. Dazu vermengt man die Eier zuerst mit Zucker, dann mit Mehl und schaumig gerührter Butter. Dazu gibt man die kandierten Früchte, die gewaschenen und abgetrockneten Rosinen und Korinthen und zum Schluß das Backpulver. Kleine runde oder rechteckige Törtchen- oder Becherförmchen kleidet man mit gebuttertem Pergamentpapier oder mit Alufolie aus, füllt den Teig bis zu zwei Dritteln ihrer Höhe ein und bäckt die Törtchen im mittelheißen Ofen ca. 20 Minuten. Diese Kékis halten sich etwa vierzehn Tage lang frisch.

Einfacher Teekuchen
(Galette sans façons)

250 g Mehl, 1/2 Glas Wasser (ca. 1/8 l), 125 g Butter, 2 Eier, 1 TL Puderzucker, 1 EL Zucker, 1 Prise feines Salz

Man häuft das Mehl auf, macht oben eine Vertiefung, in die man Wasser, Salz, die schaumig gerührte, weiche Butter und zwei Eigelb gibt, knetet den Teig nicht zu stark durch und fügt dann die zu steifem Schnee geschlagenen Eiweiß hinzu, die man mit Puderzucker vermischt hat.
Ist der Teig ziemlich fest, rollt man ihn auf einem Backbrett etwa 2 cm dick aus und drückt ihn in eine gebutterte Obstkuchenform. Man zeichnet mit einem spitzen Messer ein Rautenmuster auf die Oberfläche, die man mit in etwas Wasser aufgelöstem Eigelb bepinselt und mit Zucker bestreut. Man läßt ihn 10 Minuten bei lebhafter Hitze backen und serviert diesen Kuchen lauwarm.

Goldplätzchen
(Petits gâteaux dorés)

2 ganze Eier, 1 EL Olivenöl oder feines Pflanzenöl, 1 EL Kirschwasser oder Rum, 2 EL Zucker, 1 Prise feines Salz, 1 Päckchen Vanillezucker, 1 Tasse Mehl (ca.) – Backöl für die Friteuse

Man verrührt die Eier mit dem Zucker, Salz, Öl und Kirschwasser oder Rum. Dann gibt man so viel Mehl dazu, daß man einen genügend festen Teig erhält. Man rollt ihn aus und sticht mit einem Glas kleine Plätzchen aus, die man im heißen Öl einer Friteuse goldbraun ausbäckt. Statt Öl kann man auch Pflanzenfett verwenden. Sind die Plätzchen abgetropft, bestreut man sie mit Vanillezucker.

Orangenplätzchen
(Petits gâteaux à l'orange)

6 Eiweiß, 2 EL Mehl, 5 EL Puderzucker, 2 Orangen (ungespritzt), 1 Handvoll Mandeln

Man schlägt die Eiweiß zu einem halbfesten Schnee, verarbeitet sie mit dem Zucker, dann gibt man die geschälten und in der Mandelmühle gemahlenen Mandeln dazu und schließlich den Saft der Orangen und etwas abgeriebene Orangenschale. Man buttert ein Backblech und setzt mit einem Teelöffel nicht zu dicht nebeneinander Teighäufchen auf. Sie werden im ziemlich heißen Backofen 10 Minuten gebacken.

Schnelle Plätzchen

(Petits gâteaux rapides)

125 g Mehl, 125 g Butter, 1 Ei, 1 TL Kirschwasser, 2 EL Puderzucker, 1 Prise Salz, 1 EL Johannisbeerkonfitüre

Man siebt das Mehl kranzförmig auf ein Brett, gibt in die Mitte das Ei, den Zucker, das Kirschwasser, Salz und die schaumig gerührte Butter und knetet daraus mit den Fingerspitzen ganz schnell einen Teig, den man zur Kugel formt und dann auf eine Dicke von 1/2 cm ausrollt. Man sticht mit einer Ausstechform oder einem Glas Plätzchen aus, die man auf das gebutterte Backblech setzt und im ziemlich heißen Backofen 10 Minuten bäckt. Kurz vor Ende der Backzeit bestreicht man jedes Plätzchen mit etwas Johannisbeerkonfitüre.

Trockene Kekse

(Gâteaux secs)

125 g Butter, 125 g Mehl, 1 Ei, 1 knapper EL Kirschwasser, 2 EL Puderzucker, 1 Prise Salz, 1 Eigelb oder einige EL Milch

Man häuft das Mehl auf einem Backbrett auf, macht oben eine Vertiefung und gibt das Kirschwasser, Salz, das Ei und die schaumig gerührte Butter hinein. Man knetet rasch den Teig mit den Fingerspitzen, formt daraus eine Kugel und rollt ihn dann auf eine Dicke von 1 cm aus. Mit einem Glas sticht man runde Plätzchen aus, zeichnet mit einem scharfen Messer darauf ein Rautenmuster und bäckt bei sehr starker Hitze. Kurz vor Ende der Backzeit bepinselt man die Plätzchen mit verdünntem Eigelb oder Milch.

Rahmplätzchen

1 Tasse Rahm, den man von gekochter Milch abgenommen hat, 1 Tasse Mehl, 1 Tasse Puderzucker, 1 Eiweiß, etwas abgeriebene Zitronenschale oder 1 Päckchen Vanillezucker, 1 Eigelb – *Zum Bestreichen:* 1 Eigelb

Man vermengt alle Bestandteile zu einem gleichmäßigen Teig, wobei man das Eiweiß zu Schnee schlägt und unter den Teig hebt, den man dann ausrollt und daraus Rechtecke von 2 cm Breite ausschneidet, die man mit den Zinken einer Gabel eindrückt. Man bepinselt diese Plätzchen mit einem mit etwas Wasser aufgelösten Eigelb und bäckt sie bei mittlerer Hitze auf einem gebutterten Backblech etwa fünf Minuten. Man kann diese Plätzchen in einer Blechbüchse einige Tage aufheben.

Madeleines pralinées

4 EL Puderzucker, 100 g Pralines rose oder mit Kaffee (ersatzweise gebrannte Mandeln), 125 g Hafermehl oder Stärkemehl, 100 g Butter, 3 Eier

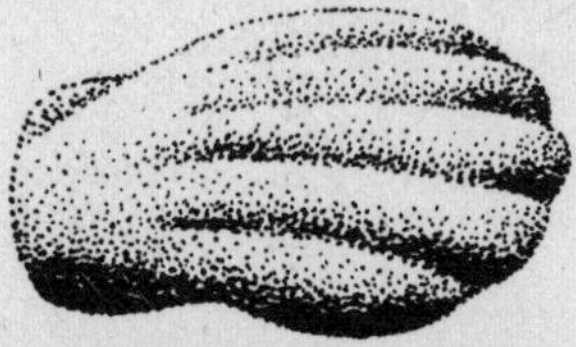

Madeleines pralinées

Man zerdrückt die gebrannten Mandeln sorgfältig mit dem Stampfer im Mörser und vermengt sie mit dem Zucker. Dann gibt man die zerlassene Butter, die Eier und das Mehl dazu. Ist der Teig schön gleichmäßig und elastisch, buttert man sogenannte Madeleineformen (Muschelförmchen) gut aus und gibt in jede Vertiefung einen TL Teig, den man glatt streicht. Man bäckt im heißen Backofen 12 bis 15 Minuten.

Makronen mit Schokolade

(Macarons au chocolat)

150 g Mandeln, 4 Rippen Kochschokolade, 4 EL Puderzukker, 2 Eiweiß

Man schmilzt die Schokolade in sehr wenig Wasser und läßt sie leicht abkühlen. Dann vermengt man die geschälten und gemahlenen Mandeln mit dem Puderzucker und den zu steifem Schnee geschlagenen Eiweiß und vermischt alles mit der geschmolzenen Schokolade. Der Teig soll ziemlich fest sein, damit man ihn in abgeflachte Kugeln formen kann, die man auf geöltes Papier setzt und bei ganz schwacher Hitze 12–25 Minuten bäckt.

Weiche Makronen

(Macarons à la vapeur)

Für 12 Personen: 5 Eiweiß, 250 g Puderzucker, 250 g Mandeln, 1/2 TL Vanillemark

Man schält die Mandeln und mahlt sie in der Mandelmühle. Dann schlägt man die Eiweiß mit Zucker in einer Schüssel über einem Topf mit kochendem Wasser etwa 15–20 Minuten lang. Zu dem eingedickten Eiweiß gibt man dann die Mandeln und das Vanillemark, setzt davon kleine Häufchen auf ein gefettetes Pergamentpapier und läßt die Makronen bei ganz geringer Hitze im Ofen langsam trocknen.

Patiencen

(Patiences)

2 ganze Eier, jeweils das Gewicht der Eier in Zucker und Mehl (je 2 Eischwer), 1 Prise Vanillemark oder 1 knapper EL Kirschwasser

Man schlägt die Eier mit dem Zucker und dem Aroma schaumig und fügt nach und nach unter ständigem Schlagen das Mehl dazu. Dann buttert man ein Backblech, gibt den Teig teelöffelweise in entsprechendem Abstand darauf und läßt diese Plätzchen bei mittlerer Hitze 10 bis 12 Minuten backen.

Damenküchlein

250 g Mehl, 5 EL Puderzucker, 200 g Butter, 4 ganze Eier, 100 g Rosinen und Korinthen, gemischt

Man rollt die gewaschenen und abgetrockneten Rosinen in ein wenig Mehl, damit sie beim Backen nicht auf den Boden des Kuchens sinken. Dann vermischt man die verschiedenen Bestandteile in der oben angegebenen Reihenfolge in einer Schüssel und behält etwas Eigelb zum Bepinseln der Küchlein zurück. Die Zutaten verarbeitet man zu einem glatten, geschmeidigen Teig und formt daraus kleine Kugeln, die man nicht zu dicht nebeneinander auf ein gebuttertes Backblech setzt. Man bepinselt sie mit in etwas Wasser aufgelöstem Eigelb und bäckt im heißen Backofen 8–10 Minuten.

Beschneite Sandkuchen
(Sablés neigeux)

Für 4–6 Kuchen: 100 g Zucker, 100 g Butter, 100 g Mehl, 2 Eier – *Für die Creme:* 1/5–1/4 l Sahne, 1 Päckchen Vanillezukker, 3 EL Puderzucker, 2 Eiweiß

Für den Teig rührt man die Butter und den Zucker sehr lange und sehr gründlich schaumig. Dann gibt man ein Ei, und wenn dieses gut untergerührt ist, das zweite hinzu und rührt zum Schluß das Mehl hinein. Der Teig muß glatt und gleichmäßig sein. Davon setzt man kleine Häufchen auf ein gefettetes Backblech und drückt sie flach. Sobald die Plätzchen schön goldbraun gebacken sind, kann man sie, noch heiß, rund schneiden (oder man läßt sie wie sie sind – sie wirken dann natürlich weniger ansehnlich und sind nicht regelmäßig). Nun schlägt man die Sahne zusammen mit den übrigen Zutaten zur Creme sehr steif, setzt jeweils drei Plätzchen, dick mit Creme gefüllt, aufeinander und spritzt mit einer Spritztüte auf jeden Sandkuchen eine Rosette aus Schlagsahne.

Nußbrötchen

(Petits pains de noisettes)

2 Tassen Mehl, 2 Tassen Puderzucker, 1 Tasse gemahlene Haselnüsse, 2 eigroße Stücke Butter, 1 Ei, getrennt

Man zerstampft die Haselnüsse mit Ei und Zucker und behält etwas Eigelb zum Bepinseln zurück. Dann gibt man nach und nach das Mehl und die schaumig gerührte Butter dazu und rollt den Teig aus. Man formt daraus kleine Brötchen, die man in der Mitte mit einem Messer halb aufschneidet. Man bepinselt die Brötchen mit etwas in Wasser aufgelöstem Eigelb und bäckt sie auf einem gefetteten Backblech bei schwacher Hitze 10–12 Minuten.

Sandplätzchen mit Zitrone

(Sablés au citron)

125 g Mehl, 80 g Butter, 60 g Staubzucker, 1 Prise Salz, Saft und abgeriebene Schale einer halben ungespritzten Zitrone, 1 Eigelb, 1–2 EL Milch

Man rührt die Butter in einer angewärmten Schüssel weich, bevor man sie mit dem durchgesiebten Mehl vermischt. Dann arbeitet man die übrigen Zutaten ein, ohne den Teig stark zu kneten, und rollt ihn 1/2 cm dick aus. Davon sticht man mit einem Glas runde Plätzchen aus, die man im heißen Ofen goldgelb bäckt.

Profiterolles mit Buttercreme

(Profiterolles à la crème au beurre)

Brandteig (Seite 14) – *Für die Garnitur:* 1–2 EL Puderzucker – Buttercreme (Seite 166 f.) – 1 Eigelb

Man bereitet die Profiterolles, wie im folgenden Rezept beschrieben, und die Buttercreme, wie auf Seite 166 f. angegeben. Für die Füllung muß man vorsichtig vorgehen: Entweder schneidet man die Profiterolles seitlich mit einem Messer ein, drückt sie etwas auf und füllt diese Öffnung mit Hilfe einer Spritztüte. Oder man schneidet oben einen Deckel ab, füllt reichlich Creme auf den unteren Teil und setzt den Deckel wieder auf.

Profiterolles

Brandteig (s. S. 14) – *Für die Garnitur:* 1–2 EL Puderzucker, 1 Eigelb, Creme nach Wunsch

Die Profiterolles sind nichts anderes als ganz kleine Windbeutel, wie man sie zur Dekoration des Saint-Honoré-Kuchens bereitet (Seite 54), sie werden aber nicht mit Karamel überzogen.
Man bereitet einen Brandteig nach Rezept (s. S. 14) und setzt haselnußgroße Häufchen davon auf ein gebuttertes und mit Mehl bestreutes Backblech. (Es ist darauf zu achten, daß die kleinen Häufchen in regelmäßigem Abstand voneinander aufgesetzt werden!) Man bepinselt sie mit in etwas Wasser aufgelöstem Eigelb und läßt sie im mäßig geheizten Backofen etwa 15 Minuten backen. Danach bestreut man sie mit Puderzucker. Man kann sie so servieren, oder mit einer Creme oder süßer, geschlagener Sahne gefüllt.

Käsespiralen

(Spirales au fromage)

200 g Mehl, 100 g Butter, 120 g geriebener Chester oder Gruyèrekäse, 1 TL Salz, 1 Prise Cayennepfeffer, $^{1}/_{10}$–$^{1}/_{8}$ l kaltes Wasser, 1 Eigelb

Man vermischt zunächst 150 g Mehl mit 50 g Reibkäse, Salz, Cayennepfeffer und Wasser, knetet daraus einen Teig und rollt ihn aus. Darauf verteilt man die Butter in kleinen Stückchen, schlägt den Teig zusammen, rollt ihn aus, gibt wieder 50 g Käse und 50 g Mehl dazu und schlägt wieder zusammen, rollt ihn ein drittesmal aus und schlägt ihn nochmals zusammen. Jetzt wird der Teig auf $^{1}/_{2}$ cm Dicke ausgerollt und in Streifen von 2 cm Breite und 15 cm Länge zerschnitten. Diese Streifen rollt man spiralförmig um runde, kleinfingerdicke Holzstäbchen, bepinselt sie mit Eigelb, bestreut sie mit dem restlichen Käse und bäckt sie im Ofen goldbraun. Nach dem Backen zieht man vorsichtig die Holzstäbchen heraus und serviert die Käsespiralen warm oder lauwarm.

Felsen

(Rochers)

Für 6–8 Dutzend mittelgroße Rochers: 2 EL feines Schweineschmalz, 3 Eier, 175 g Staubzucker, 250 g gut durchgesiebtes Mehl, 300 g Rosinen, gewaschen und gut abgetrocknet, 1 TL Zimt, 100 g geschälte, gemahlene Mandeln, 1 Prise Salz, 1 TL Backpulver

Man verrührt das weiche Schweineschmalz mit dem Zucker und gibt nach und nach die gut verquirlten Eier, 175 g Mehl, Zimt, Salz und zuletzt das Backpulver daran. Die Masse schlägt man mit dem Schneebesen einige Minuten lang, dann hebt man die Mandeln und zum Schluß die mit dem restlichen Mehl vermischten Rosinen unter. Von dieser Masse setzt man, nicht zu dicht nebeneinander, kleine hohe Häufchen mit 2 Teelöffeln auf ein gebuttertes Backblech und bäckt die Rochers bei schwacher Hitze so lange, bis sie leicht gebräunt sind.

Makronen von Nancy

(Macarons de Nancy)

150 g Mandeln, 4 EL Puderzucker, 2 Eiweiß, 1/2 TL Vanillemark, 1 EL Staubzucker

Man schält die Mandeln und mahlt sie in der Mandelmühle, gibt nach und nach den Puderzucker, das Vanillemark und die Eiweiß dazu, wobei man die Masse mit einem Schneebesen oder einer Gabel so lange schlägt, bis sie die Konsistenz einer ganz dicken und steifen Creme hat. Davon setzt man mit einem Teelöffel, nicht zu dicht nebeneinander, kleine Häufchen auf ein Blech, das man mit gebuttertem Pergamentpapier ausgekleidet hat, bepinselt sie mit etwas kaltem Wasser und bestreut sie mit Zucker oder Hagelzucker. Die Makronen müssen ca. 15 Minuten im ganz schwach geheizten Backofen mehr trocknen als backen. Man löst sie mit einem angefeuchteten Messer von dem Pergamentpapier, das man auf ein ebenfalls angefeuchtetes Tuch gelegt hat, und läßt sie hart werden.

Feine Rochers
(Rochers délicieux)

250 g Grießzucker, 125 g Butter, 125 g Mehl, 125 g Rosinen und Korinthen, gemischt, 1 Msp Vanillemark, 3 Eiweiß

In eine angewärmte Schüssel gibt man zunächst die Butter, rührt sie schaumig und fügt dann nach und nach Zucker und die Eiweiß dazu. Unter ständigem Rühren gibt man nun löffelweise das gesiebte Mehl in den Teig und ganz zum Schluß die gewaschenen, abgetrockneten, in etwas Mehl gewendeten Rosinen und Korinthen sowie das Vanillemark. Von dieser Masse setzt man nicht zu dicht nebeneinander taubeneiergroße, hohe Häufchen auf ein gefettetes Backblech und bäckt sie – im Gegensatz zum vorhergehenden Rezept bei ziemlich starker Hitze –, bis sie goldbraun sind.

Sandplätzchen mit Johannisbeergelee
(Gâteaux sablés à la groseille)

Sandteig (Seite 15), 3 EL Johannisbeergelee, 3 EL gesiebter Puderzucker

Man bereitet nach Rezept einen mürben Sandteig, rollt ihn auf einem bemehlten Brett 1/2 cm dick aus und sticht davon kleine runde Plätzchen aus. Aus der Hälfte davon sticht man mit einem kleinen Ausstecher kleinere Plätzchen aus, so daß Ringe entstehen. Die Plätzchen werden auf einem gebutterten Blech im mittelheißen Ofen 15–20 Minuten goldbraun gebacken. Dann bestreicht man die ganzen, runden Plätzchen mit Gelee, setzt die Ringe darauf und bestreut die Plätzchen mit Puderzucker.

Kirchendiener
(Sacristains)

Zutaten für ein Blätterteiggebäck (Seite 12), dessen Abfälle man für die ›Kirchendiener‹ verwenden kann – *Für die Garnitur:* 4 EL gemahlene Mandeln, 2 EL Puderzucker, 1 Eigelb

Die Teigabfälle legt man aufeinander, rollt sie dünn aus und bestreicht sie mit etwas in Wasser verquirltem Eigelb. Dann bestreut man die ganze Teigfläche dick mit gemahlenen Mandeln und Puderzucker, schneidet daraus Streifen von 8–10 cm Länge und 1 cm Breite und rollt sie spiralförmig auf. Sie werden bei starker Hitze sechs bis sieben Minuten auf einem gebutterten Blech gebacken.

Elsässer Sandplätzchen (Blitzkuchen)

(Sablés alsaciens)

125 g Butter, 75 g Staubzucker, 1 ganzes Ei, einige geschälte und grob gehackte Mandeln

Man rührt Butter und Zucker zu einer schaumigen Creme, gibt das verquirlte Ei dazu und rührt weiter, bis die Creme ganz glatt ist. Die Masse teilt man, streicht die erste Hälfte dünn auf ein gebuttertes Backblech, bestreut sie mit der Hälfte der Mandeln und bäckt sie bei schwacher Hitze so lange, bis sie oben und unten goldbraun sind (das läßt sich leicht feststellen, denn der Teig rollt sich beim Backen an den Rändern etwas auf). Man schneidet die Teigplatte noch heiß in Rechtecke, nimmt sie zum Abkühlen vom Blech und bäckt die zweite Portion.

Negerchen

(Moricauds)

2–3 große Rippen Kochschokolade, 1 EL Puderzucker, 50 g Butter, 3 Eiweiß, 1 Handvoll Mandeln oder Haselnüsse

Man reibt die Schokolade, gibt den Zucker dazu und die schaumig gerührte Butter und verknetet alles gut mit einem Kochlöffel.

Die Mandeln oder Haselnüsse hackt man fein oder mahlt sie in der Mandelmühle, wobei man einige ganze Mandeln für die Garnitur aufhebt, und vermengt sie mit der Schokolade. Nun schlägt man die Eiweiß zu Schnee und hebt sie vorsichtig unter die Teigmasse. Dann buttert man kleine Törtchenformen aus, füllt sie zur Hälfte mit dem Teig und bäckt im mittelheißen Backofen 12–15 Minuten. Man dekoriert die dunkelbraunen Küchlein mit Mandelsplittern.

Wie man die Mandeltörtchen bäckt . . .

Im zweiten Akt des ›Cyrano de Bergerac‹ von Edmond Rostand gibt der Konditor Raguenau dieses Rezept:

»Schlagt nun, daß es schaumig sei,
ein Ei und noch ein Ei . . .
Fügt zu eurem Schaum
Zitronensaft, besonders fein,
Gebt hinein
Mandelmilch, den weißen Traum.
Dann bereitet eine Crem',
Ist's genehm,
Füllt sie nun in Förmchen ein,
Aprikotiert sie dann geschwind,
Daß sie glänzend sind!
Gießt dann, Tropf um Tröpfchen klein
Euren Eierschaum dazu
Und im Nu
Gebt sie in den Ofen, den sie bald
in Gestalt
der echten Amandines
verlassen!«

Und nun das moderne Rezept:

80 g trockene Mandeln, 2 EL feiner Zucker, 50 g Butter, 1 ganzes Ei, 1 Eigelb, 2 EL frische Sahne, 1 Likörglas Kirschwasser, 1 Handvoll kandierte Früchte, kleingehackt (Kirschen, Zitronat, Orangeat, Engelswurz), einige Pistazien – *Für den Teig:* Mürbteig (S. 12) – Aprikosenmarmelade

Man schält zunächst die Mandeln und treibt sie durch die Mandelmühle, zusammen mit dem Zucker. Dazu gibt man das Ei und das Eigelb, die weiche, aber nicht zerlaufene Butter, das Kirschwasser und zum Schluß die Sahne und die gehackten oder kleingeschnittenen kandierten Früchte. Man legt kleine Törtchenformen mit Mürbteig (Seite 12) aus, gießt die Mandelcreme darüber und bäckt die Törtchen ca. 15 Minuten im heißen Ofen. Gegen Ende der Backzeit bestreicht man jedes Törtchen mit etwas verdünnter Aprikosenmarmelade und bestreut sie mit feingehackten Pistazien.

Schnelle Sandplätzchen
(Sablés rapides)

1 Ei, 4 EL Staubzucker, 1 EL Mehl, 1 EL Rum

Man schlägt Eier und Zucker lange und sorgfältig schaumig, gibt dann Mehl und schließlich Rum dazu. Wenn der Teig schön gleichmäßig ist, setzt man kleine Häufchen davon auf ein gebuttertes Blech und bäckt sie im heißen Ofen rasch goldgelb.

Mandel-Ziegel
(Tuiles aux amandes)

2 Eiweiß, 100 g mit Vanille gewürzter Zucker, ca. 125 g Mehl, 50 g Butter, 50 g möglichst trockene, geschälte Mandeln

Man schlägt die Eiweiß zu steifem Schnee, hebt den Zucker und die leicht zerlassene Butter darunter sowie das gesiebte Mehl und die sehr fein gehackten Mandeln. Von diesem Teig setzt man mit zwei Dessertlöffeln kleine Nocken auf ein gebuttertes Backblech und bäckt sie fünf Minuten. Sofort, nachdem sie aus dem Ofen kommen, rollt man sie über ein Nudelholz, nimmt sie dann ab und läßt sie, halbrund und ganz flach gewalzt, erkalten. Sie sehen dann den im ganzen Mittelmeerraum üblichen halbrunden Dachziegeln ähnlich, die man schon im alten Rom kannte.

Dachziegel mit Haferflocken
(Tuiles aux flocons d'avoine)

2 Eier, 200 g Grießzucker, 200 g Haferflocken, 1 Prise Salz

Man schlägt die ganzen Eier mit dem Zucker mindestens 10 Minuten lang schaumig und gibt dann das Salz und so viele Haferflocken dazu, daß er nicht auseinanderfällt. Davon setzt man mit zwei Dessertlöffeln kleine Häufchen auf ein gut gebuttertes Blech und bäckt sie vier bis fünf Minuten im heißen Ofen. Dann formt man sie mit Hilfe eines Nudelholzes zu halbrunden ›Dachziegeln‹ (siehe vorhergehendes Rezept).

Süßspeisen und Aufläufe

Reis mit Aprikosen

(Abricots au riz)

125 g Reis, 30 g Zucker, 1 Msp Vanillemark, ca. ½ l Milch, 4 große, reife und schöne Aprikosen, 6 Stück Würfelzucker, 1 Likörglas Kirschwasser

Man kocht den Reis in der gezuckerten und mit Vanille gewürzten Milch und läßt ihn ausquellen. Dann richtet man ihn in einer Kompottschüssel an und läßt ihn erkalten. Inzwischen hat man die ganzen Aprikosen mit 4 EL Wasser und den Zuckerstücken weich gekocht, läßt sie ebenfalls im Sirup erkalten und halbiert sie. Man garniert damit den Reis, läßt den Sirup auf die Hälfte einkochen, gibt das Kirschwasser dazu und gießt ihn über den Aprikosenreis. Man kann diese Speise noch mit kandierten oder eingelegten Kirschen garnieren.

Inseln

(Archipel)

Für die Inseln: 250 g kleine Makrönchen (fertig zu kaufen), 2 EL Aprikosenkonfitüre, 1 knapper EL Kirschwasser – *Für die Creme:* 1 Prise Vanillemark, 2 Eigelb, knapp ½ l Milch, 2 gehäufte EL Puderzucker

Man beträufelt die flache Seite der Makronen mit Kirschwasser, bestreicht sie mit etwas Konfitüre und klebt je zwei Makronen mit der flachen Seite zusammen. Dann bereitet man die Creme: Man schlägt die Eigelb mit Puderzucker schaumig, gießt die mit Vanille gewürzte Milch dazu und läßt sie unter ständigem Schlagen mit dem Schneebesen im heißen Wasserbad oder auf kleinem Feuer dicklich werden. Sobald sie genügend dick ist – sie darf nicht zu fest werden – läßt man sie erkalten, gießt sie in Kompottschälchen und setzt die zusammengesetzten Makronen als Inseln darauf.

Honigtöpfchen
(Caissettes au miel)

150 g Honig, 40–50 g Butter, 1 Likörglas Kirschwasser

Man rührt den Honig und das Kirschwasser mit der weichen Butter mindestens eine halbe Stunde, um eine gleichmäßige Creme zu erzielen. Es empfiehlt sich, wenn vorhanden, den Elektroquirl zu verwenden. Ist die Creme schaumig und gestiegen, füllt man sie in kleine Porzellanförmchen und stellt sie bis zum Servieren kalt.

Bananen mit Creme
(Bananes à la crème)

Für 6–8 Personen: 8 Bananen, ca. 1/5 l Sahne, 2 EL Zucker, 2 knappe EL Rum

Man läßt den Zucker etwa eine Stunde in Rum schmelzen; währenddessen muß man ihn öfter umrühren. Dann schält man die Bananen, schneidet sie in dünne Scheiben, schlägt die Schlagsahne ziemlich steif und füllt sie in eine Schüssel. Darauf gibt man die Bananenscheiben, übergießt die Speise mit dem Rumzucker und läßt sie mehrere Stunden im Kühlschrank erkalten.

Bananen in Grießbrei
(Bananes à la semoule)

3 Bananen, 1/2 l Milch, 2 EL Weizengrieß, 10 TL Zucker, etwas Aprikosenkonfitüre oder Johannisbeergelee, einige Tropfen Kirschwasser oder Maraschino, 4 EL Wasser

Die geschälten Bananen kocht man mit 6 EL Zucker in 4 EL Wasser einige Minuten. Währenddessen kocht man unter ständigem Rühren aus Milch, Grieß und dem restlichen Zucker einen ziemlich dicken Grießbrei. Man richtet ihn in einer Schüssel an und gibt die abgetropften, in Scheiben geschnittenen Bananen darauf. Den Bananensirup läßt man eindicken, rührt Konfitüre oder Gelee und Kirschwasser oder Maraschino hinein und gießt den Sirup über die Bananenscheiben. Diese Süßspeise kann man kalt oder warm servieren.

Bayerische Creme
(Bavaroise)

Für 8 Personen: 1/2 l Milch, 4 Eigelb, 2 EL Zucker, 2 Blatt Gelatine, 1/4 l frische Sahne, 1 Handvoll gemischte Rosinen oder 50 g kandierte Früchte, 150 g Löffelbiskuits, 1 TL Vanille-Essenz oder etwas Vanillemark

Man schlägt mit dem Schneebesen auf kleinem Feuer Eigelb, Zukker und Vanille möglichst lang, gibt dann, ohne mit dem Schlagen aufzuhören, löffelweise kochende Milch an die Creme und schließlich die eingeweichten Gelatineblätter. Jetzt nimmt man die Creme vom Feuer, schlägt aber weiter, bis sie kalt geworden ist. Dann hebt man sorgfältig den steif geschlagenen Schlagrahm darunter. Inzwischen legt man mit den Löffelbiskuits den Boden und die Ränder einer Puddingform aus und gießt die Creme hinein, in die man entweder gemischte Rosinen oder kleingehackte kandierte Früchte gegeben hat. Obenauf deckt man wieder mit Löffelbiskuits ab und legt eine Untertasse auf diesen Deckel, die man mit einem Gewicht beschwert, um alles gut zusammenzudrücken. Man stellt die Creme für mehrere Stunden in den Kühlschrank und stürzt sie dann auf eine Platte. Man kann dazu eine Karamelsauce servieren oder eine englische Creme (s. S. 165).

Bayerische Creme mit Schokolade
(Bavaroise au chocolat)

4 Rippen Kochschokolade, 4 Eier, 1 Tasse frische Sahne, 2 EL Zucker

Man schlägt die Eigelb mit dem Zucker schaumig, dann läßt man die Schokolade im Wasserbad schmelzen und gibt sie zu der schaumigen Masse, schlägt die Eiweiß zu festem Schnee, ebenso den Schlagrahm, vermischt alles sorgfältig und füllt die Creme in eine gebutterte Auflaufform. Man stellt diese mehrere Stunden im Kühlschrank kalt, dann kann man die Creme, die inzwischen fest geworden ist, stürzen und servieren.

Benoiton

125 g Löffelbiskuits, 250 g Makronen, 200 g gemischte kandierte Früchte, 1/2 Glas Kirschwasser oder Rum – *Für die Glasur:* Schokolade-Fondant (s. S. 19)

Man legt in eine Kompottschüssel eine Schicht Löffelbiskuits, die man mit Rum oder Kirschwasser, mit etwas Wasser verdünnt, beträufelt. Darauf gibt man eine Schicht in kleine Würfel geschnittene kandierte Früchte, darauf eine Schicht ebenfalls mit Alkohol angefeuchtete Makronen, darüber wieder kandierte Früchte, um schließlich mit einer Schicht Makronen abzuschließen. Man preßt diese Mischung etwas zusammen, übergießt sie mit Schokolade-Fondant (s. S. 19) und dekoriert die Oberseite mit einigen kandierten Früchten.

Charlotte mit Mandelcreme

(Charlotte à la crème amandine)

1/2 l Milch, 1 Vanilleschote, 3 Eigelb, 4 EL Staubzucker, Butter im Gewicht von 2 ganzen Eiern, 200 g Mandeln, 100 g Löffelbiskuits, 1 EL Kirschwasser

Man bereitet zunächst aus der mit der Vanilleschote gekochten Milch und den mit Zucker schaumig geschlagenen Eigelb eine Vanillecreme, die man so lange auf schwachem Feuer rührt, bis sie dicklich wird, wobei man nach und nach die Butter in Flocken dazugibt.

Inzwischen schält man die Mandeln, passiert sie mehrmals durch die Mandelmühle oder püriert sie im Mixer und gibt sie zu der Creme, die man erkalten läßt. Nun legt man Boden und Seiten einer Form mit den Löffelbiskuits aus, die man mit Kirschwasser, mit etwas Wasser verdünnt, auslegt, gibt die Creme hinein und deckt mit ebenfalls angefeuchteten Löffelbiskuits zu. Man legt eine Untertasse mit einem Gewicht auf den Deckel, um alles gut zusammenzupressen, und läßt dann die Charlotte im Kühlschrank einige Stunden erstarren. Stürzt man die Charlotte, so kann man sie mit etwas Mandelcreme begießen, die man zurückbehalten hat.

Schokolade-Charlotte

(Charlotte au chocolat)

125 g Butter, 125 g Staubzucker, 1 Eigelb, 1/2 Glas gekochte, lauwarme Milch (ca. 1/8 l), 3 kleine Rippen Kochschokolade oder 2 EL Kakaopulver mit Zucker, etwa 8 Makronen (je nach Größe)

Man schmilzt den Zucker in sehr wenig Wasser, gibt am Herdrand die weiche Butter und das Eigelb sowie die geriebene Schokolade oder den gezuckerten Kakao dazu und löst alles mit der lauwarmen Milch, indem man ständig umrührt. Ist die Creme schön glatt und beginnt einzudicken, läßt man sie erkalten, füllt eine kleine Charlottenform damit, die man am Boden mit Karamel ausgeschwenkt und mit Makronen belegt hat, und deckt auch mit Makronen zu. Man preßt mit einer Untertasse und einem Gewicht die Charlotte zusammen und läßt das Ganze im Wasserbad etwa eine halbe Stunde kochen. Dann kann man die Charlotte stürzen und mit einer englischen Creme (s. S. 165) oder Schokoladensauce servieren.

Connétable

Konditorcreme mit Schokolade, aber ziemlich dick (Seite 169), 3 Blatt Gelatine, 1 Topf Johannisbeergelee, 200 g Löffelbiskuits

Man bereitet eine Konditorcreme mit Schokolade (s. S. 169), nimmt sie vom Feuer und gibt die in wenig Wasser aufgelösten Gelatineblätter dazu. Diese Mischung rührt man kräftig um und passiert sie durch ein feines Sieb.

Dann belegt man den Boden einer Form mit Löffelbiskuits und bestreicht diese mit Johannisbeergelee. Auf diese Weise legt man drei Schichten von Biskuits und Gelee übereinander, dann übergießt man die Form mit der Schokoladencreme, die überall zwischen die Biskuits und bis auf den Boden fließen muß.

Man legt eine Untertasse mit einem Gewicht auf, um alles gut zusammenzudrücken, und stellt die Speise 24 Stunden in den Kühlschrank. Dann kann man sie auf eine Platte stürzen.

Erdbeer-Charlotte

(Charlotte aux fraises)

200 g Löffelbiskuits, 125 g Walderdbeeren, 1 Handvoll Himbeeren oder Johannisbeeren, 150 g Zucker, 1 Glas Kirschlikör

Man buttert eine Charlottenform leicht aus, belegt den Booden und die Ränder mit Löffelbiskuits und legt auf den Boden eine Schicht Walderdbeeren, deckt diese wieder mit Löffelbiskuits zu und so weiter, bis man mit einer Schicht Biskuits abschließt. Dann übergießt man das Ganze mit einem Sirup, den man zur ›kleinen Perle‹ gekocht und in den man einige Erdbeeren und den Kirschlikör gegeben hat, um ihm Farbe zu geben. Dann deckt man die Form mit einem Blatt Papier und einer Untertasse mit einem Gewicht ab.
Diese Charlotte läßt man über Nacht ruhen und kann sie dann stürzen. Man kann sie auch mit einigen frischen Erdbeeren oder Himbeeren dekorieren.

Clafoutis

Für 6 Personen: 4 EL Hafermehl oder Stärkemehl, 6 EL Zukker, 1/2 l ungekochte Milch (ca.), 3–4 ganze Eier, 500 g schwarze Kirschen, 50 g Butter, 1 Likörglas Kirschwasser, 1 Prise feines Salz

Man entfernt die Stiele von den Kirschen, läßt aber die Kerne darin. Dann rührt man aus Mehl, Zucker, Eiern, Salz und etwas Kirschwasser einen Eierkuchenteig, dem man so viel Milch zufügt, daß er schön gleichmäßig und nicht zu dünn ist.
Man buttert eine Kuchenform aus, in die man die Kirschen eng nebeneinander legt, übergießt sie mit Teig und bäckt sie im schwach geheizten Backofen etwa eine Stunde. Dann läßt man etwas abkühlen und stürzt den Clafoutis aus der Form, wobei man darauf achten muß, daß er ganz bleibt. Zu diesem Zweck schiebt man eine Messerklinge unter und läßt den Kuchen vorsichtig auf die Kuchenplatte gleiten. Man bestreut ihn mit Zukker und kann ihn warm oder kalt servieren.

Erdbeerbecher mit Schlagsahne
(Coupes de fraises à la Chantilly)

2 Tassen Schlagsahne, 2 Tassen Puderzucker, 1/2 TL Vanillemark, 2 Paket Vanillezucker, 150 g Erdbeeren

Man schlägt die Schlagsahne steif, gibt Vanille und Zucker dazu und schlägt sie noch einmal steif. Dann gibt man die Schlagsahne in eine Spritztüte oder legt sie löffelweise in Kristallbecher, die man mit den eingezuckerten Erdbeeren gefüllt hat, und spritzt obenauf eine schöne Schlagsahnerosette. Man stellt die Becher vor dem Servieren in den Kühlschrank.

Ananasauflauf
(Croûte à l'ananas)

1 rundes Weißbrot, 3 EL Aprikosenmarmelade, 1 kleine Dose Ananas in Scheiben, 1 Likörglas Madeira, 80 g Butter

Man schneidet das Weißbrot mit einem Sägemesser in Scheiben von 1/2 cm Dicke, röstet diese leicht auf beiden Seiten in heißer Butter und richtet sie auf einer großen feuerfesten Platte an. Dann löst man die Aprikosenmarmelade mit dem Ananassaft und dem Madeira und überzieht die gerösteten Brotscheiben mit dieser Mischung. Man legt auf jede Brotscheibe eine Ananasschnitte, läßt alles zusammen im Backofen heiß werden und serviert warm.

Kalter Schokoladenkuchen
(Gâteau au chocolat, à froid)

2 ganze Eier, das gleiche Gewicht wie die Eier jeweils in frischer Butter, trockenen Keks und Schokolade, 1 EL Grießzucker, einige Mandeln

Man zerdrückt die Keks zu feinem Bröselmehl, gibt die mit Zukker schaumig geschlagenen Eigelb daran, reibt die Schokolade, die man mit der schaumig gerührten Butter vermischt, und gibt alles zusammen. Zum Schluß hebt man die zu steifem Schnee geschlagenen Eiweiß darunter sowie einige geschälte und feingehackte Mandeln. Dann buttert man eine Form, gibt die ganze Masse hinein und stellt sie einige Stunden im Kühlschrank kalt.

Schokoladenkranz

(Couronne au chocolat)

125 g Kochschokolade, 125 g Butter, 4 Eier, 2 EL Stärkemehl, 4 EL Zucker – *Für die Creme:* 2 Eigelb, 1 Tasse Milch, 1 Vanilleschote, 2 EL Puderzucker

Man schmilzt die Schokolade in sehr wenig Wasser, vermengt die Eigelb mit dem Zucker, dann mit Stärkemehl und schaumig gerührter Butter. Dazu gibt man die geschmolzene Schokolade und rührt diese 15 bis 20 Minuten, um sie ganz gleichmäßig zu machen. Zum Schluß hebt man die zu steifem Schnee geschlagenen Eiweiß darunter und buttert eine Kranzform aus, in die man den Schokoladenteig gießt. Man bäckt ihn im schwach geheizten Backofen eine halbe Stunde. Ist der Kranz erkaltet, stürzt man ihn auf eine Platte und gibt eine Vanillecreme in die Mitte (s. S. 165).

Katharinen-Kuchen

(Gâteau Catherine)

Für den Genueser Teig: 3 ganze Eier, 3 EL Zucker, 3 EL Mehl, 1/2 Glas Erdbeerkonfitüre, 1 Rotweinglas Rum, 2 EL Puderzucker – Rosa oder weiße *Zuckerglasur* (Seite 20)

Dieser Kuchen wirkt wie ein leichter Baba, der gut mit Rum getränkt ist. Durch die Erdbeeren und die saftige Glasur ist er besonders schmackhaft.

Man trennt die Eier und schlägt die Eigelb mit dem Zucker ziemlich lange, dann gibt man das Mehl dazu. Ist der Teig schön glatt, hebt man die zu steifem Schnee geschlagenen Eiweiß vorsichtig darunter. Man buttert eine nicht zu hohe runde Kuchenform aus, die man zur Hälfte mit diesem Teig füllt, damit er genügend Platz hat, aufzugehen. Man bäckt 15 bis 20 Minuten. Ist der Kuchen schön goldgelb, läßt man ihn etwas abkühlen und schneidet ihn quer durch in zwei Scheiben, die man nun mit Rum, der mit etwas Zucker und Wasser angerührt wurde, beträufelt. Auf eine der Kuchenhälften streicht man die Erdbeerkonfitüre auf, deckt die andere Hälfte als Deckel darüber und glasiert den ganzen Kuchen mit einer weißen oder rosa Glasur (s. S. 20).

Apfel-Délicieux

(Délicieux aux pommes)

1 kg Äpfel, 500 g Kristallzucker, 1 Zitronenschale (ungespritzt)

Dieses ausgezeichnete Dessert stellt man bereits am Vorabend her. Man macht zunächst einen Sirup, indem man den Zucker in 1 Liter Wasser auflöst, den man bis zur ›großen Perle‹ kochen läßt (s. S. 17), und gibt dann die Äpfel dazu, die man geschält, entkernt und in Stücke geschnitten hat. Man läßt diese Mischung bei geringer Hitze mindestens 1½ Stunden kochen, um eine Art Apfelpaste zu erhalten, die ziemlich trocken sein sollte. Kurz vor Ende der Kochzeit gibt man die Zitronenschale dazu. Dann zerstampft man die Äpfel zu einem glatten Püree und gibt sie in eine ausgebutterte Form, in der man sie über Nacht in den Kühlschrank stellt. Am nächsten Tag kann man die Apfelspeise stürzen und mit einer englischen Creme (s. S. 165) mit Rum servieren.

Candide-Kuchen

(Gâteau Candide)

125 g Löffelbiskuits, 4 Rippen Kochschokolade, 1 Blatt Gelatine, 4 Eier, 4 EL Puderzucker, 1 Handvoll geschälte Mandeln oder Haselnüsse, 100 g frische Sahne

Man legt Boden und Ränder einer Charlottenform mit Löffelbiskuits aus, läßt die Schokolade mit ganz wenig Wasser schmelzen, weicht die Gelatine in ca. 2 EL Wasser ein. Nun schlägt man die Eigelb mit dem Zucker schaumig, gibt die geschmolzene Schokolade mit der aufgelösten Gelatine dazu, rührt die auf der Mandelmühle gemahlenen, geschälten Mandeln oder Haselnüsse dazu und hebt zum Schluß die zu steifem Schnee geschlagenen Eiweiß darunter.

Diese Masse gießt man in die mit Biskuits ausgelegte Form, deckt alles mit einer weiteren Schicht Löffelbiskuits zu und läßt das Ganze im Kühlschrank fest werden. Nach einigen Stunden kann man den Kuchen in eine Kompottschale stürzen und mit leicht geschlagener, gezuckerter Schlagsahne überziehen.

Diplomatenspeise
(Diplomate)

250 g Löffelbiskuits, 1/2 Glas Johannisbeergelee, 1/2 Glas Aprikosenmarmelade, 2 Likörgläser Kirschwasser oder Rum – *Für die Garnitur:* Englische Creme mit Vanille (s. S. 165)

Man belegt den Boden und die Ränder einer Charlottenform mit Löffelbiskuits, die man in eine Mischung von Kirschwasser oder Rum und etwas Wasser getaucht hat. Man breitet eine Schicht Johannisbeergelee auf dem Boden aus, darauf wieder eine Schicht angefeuchtete Biskuits und darauf eine Schicht Aprikosenmarmelade. So wechselt man mit den beiden Konfitürensorten ab und schließt mit einer Biskuitschicht. Darauf legt man eine Untertasse mit einem Gewicht und stellt die Diplomatenspeise bis zum nächsten Tag in den Kühlschrank. Man kann sie, wenn man sie gestürzt hat, mit einer englischen Creme mit Vanille servieren.

Mariannen-Kuchen
(Gâteau Marianne)

125 g Löffelbiskuits, einige EL Orangengelee, 1 EL Puderzucker, etwas Wasser, 1 EL Rum – *Für die Creme:* 1 knapper EL Mehl, 2 Eigelb, 1 Tasse Milch, 2 EL Puderzucker, 1 EL Rum, Saft einer Orange

Man rührt auf schwachem Feuer aus den geschlagenen Eigelb mit Zucker eine Creme, gibt das Mehl und den Rum dazu, dann die kochende Milch, und läßt alles zusammen einmal kurz aufkochen. Man läßt die Creme erkalten und gibt den Saft einer Orange dazu.

Dann weicht man die Löffelbiskuits in Rum, den man mit etwas Wasser verdünnt hat, ein.

Man legt Boden und Rand einer Form mit den Biskuits aus, gießt eine Schicht Creme darüber, legt wieder Biskuits darüber, dann wieder Creme und endet mit Biskuits. Man legt auf die oberste Schicht eine Untertasse mit einem Gewicht, um alles gut zusammenzudrücken, und stellt den Kuchen mehrere Stunden in den Kühlschrank. Man stürzt ihn in eine Schüssel und gießt eine Sauce aus verlängerter Orangenmarmelade mit etwas Wasser und Rum darüber.

Schokoladenkuchen

(Gâteau au chocolat)

4 EL Zucker, 175 g Butter, 125 g Kochschokolade, 125 g Mehl, 4 ganze Eier

Man schlägt die Eigelb so lange mit einem Teil des Zuckers, bis man eine cremige, fast weiße Mischung erhält. Die Schokolade läßt man in sehr wenig Wasser schmelzen. Wenn sie zur dicken Creme geworden ist, gibt man die geschlagenen Eigelb dazu, dann die schaumig gerührte Butter und schließlich das Mehl. Man hebt zum Schluß die zu steifem Schnee geschlagenen Eiweiß mit dem restlichen Zucker darunter. Dann buttert man eine Springform gut aus. In diese Form gießt man den zähflüssigen Teig und bäckt ihn bei schwacher Hitze etwa 1 Stunde. Obenauf bildet sich rasch eine Kruste, wenn der übrige Kuchen ebenso fest ist, ist der Kuchen gar.

Apfelauflauf

(Flan aux pommes)

1 Tasse Mehl, 1 Tasse Zucker, 2 EL Hefe, 1 ganzes Ei, 2–3 Äpfel, 1 Tasse ungekochte Milch, 1–2 EL Johannisbeergelee

Man vermischt das Mehl mit der Hälfte des Zuckers, dem Eigelb, der Milch und der Hefe. Dann schlägt man das Eiweiß zu festem Schnee und hebt es unter den Teig, der ziemlich flüssig sein sollte. Dann buttert man eine Form aus und gießt den Teig hinein, den man mit dünnen, gezuckerten Apfelscheiben bedeckt, reichlich zuckert und bäckt den Auflauf bei mäßiger Hitze 1/2 Stunde. Kurz vor dem Garwerden bestreicht man die Äpfel mit einer Schicht Johannisbeergelee. Dieser Auflauf ist am besten, wenn er lauwarm serviert wird.

Kuchen für den nächsten Tag

(Gâteau du lendemain)

1/2 l Milch, 3 altbackene Brioches oder drei altbackene Hörnchen, 750 g Äpfel, 3 Bananen, 250 g Staubzucker, 2 EL Kristallzucker, 1 Prise Zimt, 5–6 Eier, etwas Milch

Man läßt die altbackenen Brioches oder Hörnchen am Vorabend in wenig gezuckerter Milch mit Zimt einweichen. Am nächsten Tag schält man die Äpfel und schneidet sie in dünne Scheiben, ebenso die Bananen und zerdrückt die eingeweichten Hörnchen mit einer Gabel. Darunter mischt man das Obst und die Eier und gießt das Ganze in eine gebutterte Form. Man bestreut den Kuchen mit Kristallzucker und bäckt ihn im mäßig heißen Ofen 45 Minuten bis eine Stunde. Der Kuchen wird in seiner Backform auf den Tisch gebracht.

Kuchen mit Dragées

(Gâteau aux dragées)

(Anmerkung des Übersetzers: Dragées sind mit hartem, weißen Zuckerguß überzogene Mandeln, die man gewöhnlich zu Kindstaufen schenkt.)

Für 6 Personen: 150 g Dragées, 250 g sehr frische Butter, 2 Eigelb, 150 g Löffelbiskuits, 1/2 Tasse sehr starker Kaffee, 1 Likörglas Kirschwasser

Dieser Kuchen muß für den folgenden Tag bereits am Vorabend zubereitet werden.
Zunächst zerstampft man in einem Mörser die Dragées, dann rührt man eine Creme aus Butter und Kaffee, die man erhitzt. Dazu gibt man nacheinander die Eigelb einzeln und schlägt alles mit einem Schneebesen, um eine glatte, aber ziemlich feste Creme zu erzielen, wozu man am besten die Schüssel in eine große Schüssel mit Eiswasser oder Eiswürfeln stellt. Dazu gibt man die zerstampften Dragées und läßt diese Mischung in der Kälte etwa 1/2 Stunde ruhen. In der Zwischenzeit legt man den Boden und den Rand einer Charlottenform mit Löffelbiskuits aus, die man leicht mit Kirschwasser, das man mit Zuckerwasser verdünnt hat, beträufelt. In die Mitte gießt man die Creme, bedeckt sie mit einem Deckel aus beträufelten Löffelbiskuits, setzt eine Untertasse mit Gewicht darauf, um alles gut zusammenzupressen, und läßt es im Kühlschrank über Nacht stehen. Am nächsten Tag stürzt man den Kuchen aus der Form und richtet ihn in einer Kompottschüssel an. Man kann ihn mit einer Kaffee-Glasur (s. S. 18) überziehen und mit einigen Dragées verzieren, oder mit einer englischen Creme mit Kaffee übergießen.

Zwiebackkuchen

(Gâteau de biscottes)

½ l Milch, 2 EL Mehl, 5 EL Zucker, 1 EL Rum, 3 ganze Eier, 2 EL Puderzucker, 6 einfache Zwiebäcke

Man legt die Zwiebäcke in eine möglichst viereckige, feuerfeste Form und befeuchtet sie mit Rum, den man mit Zuckerwasser verdünnt hat. Mit dem Zucker schlägt man die Eigelb schaumig, gibt Mehl dazu und verdünnt den Teig mit warmer Milch, gibt die Mischung auf mäßige Hitze und rührt um, bis sie dicklich wird. Man läßt etwas abkühlen und gießt die Mischung über die Zwiebäcke. Dann schlägt man die Eiweiß zu sehr festem Schnee und bedeckt damit die ganze Oberfläche der Form, gibt sie in den ganz schwach geheizten Backofen und läßt sie Farbe annehmen, was etwa 8–10 Minuten dauert. Diese Süßspeise ißt man am besten kalt.

Kuchen mit kandierten Maronen und Schokolade

(Gâteau de marrons glacés au chocolat)

1 kg Maronen (Edelkastanien), 350 g Staubzucker, 125 g frische Butter – *Für die Glasur:* 4 EL Zucker, 3 große Rippen Kochschokolade, ½ Glas Wasser (ca. 1/10–⅛ l), 80 g Butter

Man schält die erste Haut der Maronen ab, die man dann zwei Minuten in kochendes Wasser legt, um auch die zweite Haut entfernen zu können.

Dieses Wasser gießt man fort und läßt die Maronen, wenn sie ganz geschält sind, in reichlich Wasser kochen. Nach 20–35 Minuten sollten sie weich sein. Dann püriert man sie im Mixer oder passiert sie durch ein Sieb. Inzwischen macht man einen Sirup mit dem Zucker und ca. ⅕ l Wasser, gibt das Maronenpüree hinein und rührt kräftig um, damit sich alles gleichmäßig mischt. Dann gibt man die in Flöckchen geschnittene Butter an das noch heiße Püree, gießt die Creme in eine Kompottschale und stellt sie darin über Nacht in den Kühlschrank, damit die Mischung fest wird. Am nächsten Tag glasiert man die Oberfläche des Maronenpürees auf folgende Weise: Man schmilzt die Schokolade in sehr wenig Wasser, gibt die Butter dazu und rührt die Creme kräftig durch. Aus Zucker und wenig Wasser kocht man einen Sirup und gibt die Schokolade hinein. Wenn die Schokoladencreme am Kochlöffel haftet, nimmt man sie vom Feuer, läßt sie etwas abkühlen, gießt sie über die Maronencreme und stellt die Speise 1–2 Stunden in den Kühlschrank.

Kuchen mit Pralinencreme
(Gâteau à la crème pralinée)

4 Eier, 4 EL Puderzucker, 3 frische Makronen, 30 g glasierte, gebrannte Mandeln, 8 Stück Zucker für das Karamel – *Für die Garnitur:* 1/4 l Milch, 3 EL Zucker, 1 Päckchen Vanillezukker oder 1/2 Vanilleschote

Man trennt die Eiweiß von den Eigelb, die man mit dem Zucker schaumig schlägt, dann gibt man die zu Bröseln zerdrückten Makronen daran und die zerstampften gebrannten Mandeln (die in Frankreich Pralinen heißen).
Eine Form mit einigermaßen hohem Rand kleidet man mit Karamel aus (Seite 17), füllt die Creme ein und läßt sie im Wasserbad mindestens 1 Stunde kochen. Dann gibt man den Auflauf in eine Schüssel und reicht dazu eine Vanillecreme, die man aus den Eigelb mit Milch und Vanille bereitet (s. S. 165, 171).

Maiskuchen
(Gâteau de maïs)

125 g Maismehl, 1 EL Weizenmehl, 100 g Butter, 2 EL Puderzucker, 1 große Rippe Kochschokolade, 2 ganze Eier, 1 Dutzend Mandeln, 1 Prise Salz

Zunächst schält man die Mandeln und hobelt sie feinblätterig. Dann mischt man mit dem Elektroquirl die Eigelb mit dem Zukker, der Butter und der geschmolzenen Schokolade, gibt das Maismehl und das daruntergemischte Weizenmehl dazu und schließlich die zu steifem Schnee geschlagenen Eiweiß und die Mandelblättchen.
Dann buttert man eine Form, in die man den Teig gießt, und bäckt bei mäßiger Hitze eine gute halbe Stunde.

Sternkuchen mit Schokolade

(Gâteau d'étoile au chocolat)

4 große Rippen Kochschokolade, 3 EL Zucker, 1 Dutzend Löffelbiskuits, 200 g Butter, 2 Eier, englische Creme mit Vanille (Seite 165)

Man läßt Butter und Schokolade zusammen auf sehr schwachem Feuer schmelzen, dann gibt man den Zucker dazu und die Eigelb, eines nach dem anderen, wobei man die Mischung ständig mit einem kleinen Schneebesen schlägt. Ist die Masse ganz gleichmäßig, gibt man die zu Bröseln zerdrückten Löffelbiskuits dazu und schließlich die zu steifem Schnee geschlagenen Eiweiß. Man gießt dann die Creme in eine gebutterte, sternförmige Form und stellt sie für mehrere Stunden in den Kühlschrank. Ist der Kuchen fest geworden, stürzt man ihn und reicht dazu eine englische Creme mit Vanille (s. S. 165).

Honigkuchen

(Gâteau au miel)

100 g Zucker, 300 g Mehl, 1 Glas Milch (ca. 1/4 l), 3 EL flüssiger Honig

Man schmilzt unter ständigem Rühren Zucker und Honig zusammen mit einem Glas Milch am Herdrand. Dann fügt man das Mehl bei und mischt so lange, bis der Teig schön gleichmäßig, nicht zu fest und nicht zu flüssig ist. Man gießt diesen Teig in eine gebutterte Form und bäckt 25 bis 30 Minuten im Backofen.

Nero-Kuchen

(Gâteau Néron)

2 Eier, 2 EL Zucker, 2 EL zerlassene Butter, 1/2 Paket Backpulver, genügend Mehl, um dem Teig die Konsistenz eines Breies zu geben

Man schlägt die Eier wie für eine Omelette, gibt Puderzucker und zerlassene Butter dazu und dann das Backpulver. Nun rührt man so viel Mehl darunter, daß man einen dicken Brei erhält. Man buttert eine runde Kuchenform mit niedrigem Rand, gibt die Mischung hinein und bäckt im heißen Backofen mindestens 20 Minuten.

Leichter Schokoladekuchen

(Gâteau leger au chocolat)

3 Eier, 1 EL Mehl, 4 große Rippen Kochschokolade, 125 g Butter, 1 EL Puderzucker, 1 Paket Vanillezucker, 1 Paket Backpulver, einige Mandeln

Man schmilzt die Schokolade zusammen mit der Butter, gibt den Puderzucker und das Päckchen Vanillezucker dazu und dann eines nach dem anderen die Eigelb. Man schlägt alles gut durch und hebt anschließend die zu steifem Schnee geschlagenen Eiweiß und das Backpulver darunter. Man gibt die Masse in eine gut gebutterte, viereckige Form und bäckt 1/2 Stunde bei mäßiger Hitze, wobei man die Oberseite des Kuchens mit einer Alufolie oder gebuttertem Pergamentpapier abdeckt. Ist der Kuchen gar, stürzt man ihn und bestreut ihn mit geschälten und fein gehackten Mandeln.

Marie-Claude-Kuchen

(Gâteau Marie-Claude)

250 g Mehl, 60 g frische Butter, 2 geriebene Rippen Kochschokolade, 1/2 Paket Backpulver, 2 Eier, 3 EL Puderzucker

Man rührt die Eier mit dem Puderzucker und der weichen Butter schaumig. Man fügt das Backpulver und die geriebene Schokolade an die gleichmäßig durchgerührte Mischung und schließlich nach und nach das Mehl. Der Teig soll dick und gleichmäßig sein.
Dann buttert man eine Kuchenform aus, in die man den Teig gießt, und klopft mit der Form mehrmals auf den Tisch, damit sich der Teig in der Form möglichst gleichmäßig verteilt. Man bäckt 15 Minuten im heißen Backofen.

Inselkuchen

(Gâteau des Iles)

4 Eier, 1 EL Mehl, 300 g Zucker, 1 Literdose Ananas, Saft von 1 Zitrone, 3 EL Rum oder Kirschwasser, 4–8 Stück Zucker für Karamel

Man schneidet die Ananasscheiben in kleine Würfel, legt aber eine Schnitte für die Dekoration beiseite. Dann gibt man den Saft mit dem Zucker in eine Kasserolle, läßt fünf Minuten aufkochen und gibt die kleinen Fruchtwürfel in den Sirup, den man damit erkalten läßt. Inzwischen vermengt man die Eier mit dem Mehl, dem Zitronensaft und dem Kirschwasser oder Rum. Man gibt den Fruchtsirup dazu mit den Ananasstückchen. Dann gießt man eine Charlottenform mit hellem Karamel aus und gibt die Masse hinein. Sie muß 20 bis 30 Minuten garen und zwar zuerst im Wasserbad und dann kurz im Backofen, um dem Kuchen mehr Festigkeit zu geben. Sobald man ihn aus der Form gestürzt hat, legt man eine Scheibe Ananas zur Dekoration auf den Kuchen.

Nußkuchen

(Gâteau de noix)

1 Tasse geschälte Walnüsse, 1 ganzes Ei, 3 EL Zucker, 2 EL Mehl, 1 TL Bittermandelessenz oder die abgeriebene Schale einer Orange

Man hackt die Nüsse fein und vermischt sie mit dem Zucker, dem Ei, dem Mehl und dem gewählten Aroma. Man gibt den Teig in eine gebutterte Kuchenform und bäckt ihn 20 Minuten im schwach geheizten Backofen. Ist der Kuchen gebacken, stürzt man ihn aus der Form, bestreut ihn mit Puderzucker oder dekoriert ihn mit einigen Nußkernen.

Haselnußkuchen

(Gâteau de noisettes)

100 g gemahlene Haselnüsse, 3 EL Puderzucker, 3 Eiweiß, 100 g Mehl, 80 g Butter

Man vermengt die gemahlenen Haselnüsse mit dem Puderzucker und der schaumig gerührten Butter, dann arbeitet man nach und nach das Mehl dazu und hebt zum Schluß die zu steifem Schnee geschlagenen Eiweiß darunter. Dann buttert man eine Form, in die man den Teig gießt, und bäckt im schwach geheizten Backofen 20 Minuten. Ist der Kuchen erkaltet, stürzt man ihn aus der Form und dekoriert mit einigen regelmäßig angeordneten Haselnüsse.

Makronenkuchen

(Gâteau de macarons)

200 g trockene Makronen, 1 Glas kochende Milch (ca. 1/4 l), 4–8 Stück Zucker, 1 Likörglas Rum, 3 Eier, 3–6 Stück Zucker für das Karamel – Karamel- oder Vanillecreme (Seite 170, 171)

Man zerdrückt die Makronen mit einer Gabel, gibt sie in eine Schüssel und läßt den Zucker in der kochenden Milch schmelzen und begießt damit die Makronen. Ist die Mischung gut eingeweicht, gibt man nacheinander einzeln die Eigelb dazu, indem man sie jedesmal gut unterrührt. Dann fügt man den Rum und die zu steifem Schnee geschlagenen Eiweiß dazu, gießt den Teig in eine mit Karamel ausgegossene Form und läßt im Wasserbad oder im Backofen etwa 45 Minuten kochen.
Man stürzt den Kuchen, wenn er kalt ist, aus der Form und serviert ihn mit einer Karamelcreme oder Vanillecreme (s. S. 170, 171).

Kokosnußkuchen

(Gâteau à la noix de coco)

250 g Löffelbiskuits, 3 Eigelb, 1/2 Kokosnuß, 2 EL Puderzukker, 2 EL Grand Marnier oder Kirschwasser

Man reibt das Kokosnußfleisch sorgfältig und vermischt die Flokken lange und gründlich mit dem Zucker und den Eigelb. Dann befeuchtet man die Löffelbiskuits mit dem Alkohol und legt damit den Boden und die Ränder einer Form aus, füllt den Kokosnußteig ein und deckt mit einer Schicht Löffelbiskuits ab. Vor dem Auftragen kühl stellen!

Kleine Tapioka-Kuchen

(Petits gâteaux de tapioca)

2 EL Tapiokamehl, 2 Tassen Milch (ca. 1/4 l), 2 Eier, 1/2 TL Vanillemark, 2 EL Zucker, 1 Tropfen Bittermandelextrakt, 1 Handvoll Backpflaumen, 1 EL Orangenmarmelade, 1 kleines Glas Kirschlikör

Man weicht die Backpflaumen eine Stunde in etwas lauwarmem Wasser ein. Dann entkernt man sie und schneidet sie in kleine Stücke, übergießt sie mit Kirschlikör und gibt sie zu dem in gezuckerter Milch mit Vanille gekochten Tapioka, zusammen mit der Orangenmarmelade, den geschlagenen Eiern und dem Bittermandelextrakt. Man füllt die Masse in kleine Formen, die man im Kühlschrank 2–3 Stunden fest werden läßt.

Königinnenkuchen

(Gâteau à la Reine)

3/4 l Milch, 5 Eigelb, 1/2 TL Vanillemark, 250 g Puderzucker, 4 Stück Zucker in 1 EL Wasser für das Karamel, 1 EL Kirschwasser

Man kocht die Milch mit Vanille unter ständigem Rühren langsam auf 1/2 Liter ein, dann schlägt man die Eigelb lange mit dem Zucker schaumig und rührt sie in der heißen Milch, bis eine dicke Creme entsteht. Eine Form gießt man mit Karamel aus 1 EL Wasser und 4–8 Stück Zucker (je nach Größe) aus, gibt die Creme hinein und stellt sie im Kühlschrank mehrere Stunden kalt. Man stürzt den ›Kuchen‹ dann aus der Form und übergießt ihn mit etwas Karamel, an das man 1 EL Kirschwasser gegeben hat.

Kuchen für Frühaufsteher

(Gâteau matinaliste)

125 g Löffelbiskuits, 200 g kandierte Früchte, 1 Likörglas Kirschwasser – Konditorcreme (S. 169)

Man bereitet nach Rezept (s. S. 169) eine etwas dicke Konditorcreme mit Vanille. Dann buttert man eine Charlottenform aus und belegt den Boden und die Seiten mit Löffelbiskuits, die man mit etwas verdünntem Kirschwasser beträufelt hat. Darauf legt man eine Schicht in kleine Würfel geschnittene, kandierte Früchte, eine Schicht Konditorcreme mit Vanille, dann wieder beträufelte Biskuits usw., und schließt mit einer Schicht Löffelbiskuits ab. Man läßt diese Form im Wasserbad oder im schwach geheizten Backofen 1/2 Stunde backen. Ist der Kuchen gut erkaltet, gibt man obenauf etwas Vanillecreme.

Perfekter Kuchen

(Gâteau parfait)

12 Stück Zucker für Karamel, 3 EL Puderzucker, 3/4 l Milch, 2 Blatt Gelatine, 200 g frische Sahne, 1 EL Kirschwasser

Man kocht die gezuckerte Milch, nimmt sie vom Feuer und gibt das Kirschwasser und die aufgelöste Gelatine dazu, sobald die Milch etwas abgekühlt ist. Dann rührt man gut durch und kocht weitere fünf Minuten, läßt etwas abkühlen und gibt die steif geschlagene Sahne an die Mischung. Man gießt sie in eine karamelisierte Form und setzt sie für einige Stunden in den Kühlschrank. Um den Pudding aus der Form zu stürzen, taucht man die Form kurz in kochendes Wasser.

Marquise

Für 6 Personen: 2 ganze Eier, 5 kleine Rippen Kochschokolade, 2 EL Zucker, 50 g Butter

Man schlägt die Eigelb mit dem Zucker so lange schaumig, bis die Mischung fast weiß ist, gibt die geschmolzene Schokolade dazu und dann die zerlassene Butter.
Man schlägt die Eiweiß zu steifem Schnee, den man unter die Masse hebt, gibt sie in eine leicht gebutterte Form und stellt sie mehrere Stunden im Kühlschrank kalt. Wenn man die Speise stürzt, serviert man sie mit kandierten Maronen.

Marquise mit Früchten

(Marquise aux fruits)

1 Schale Walderdbeeren oder kleine Gartenerdbeeren, 1 Schale Himbeeren, 4 EL Puderzucker, 2 Gläser Champagner (oder Sekt)

Man putzt die Erdbeeren, die man mit dem Zucker und den Himbeeren vermischt, gießt den Champagner darüber und läßt sie in einem Krug oder einer Schale im Kühlschrank ziehen. Dann serviert man in Champagnerschalen oder Eisbechern.

Grießkuchen mit Feigen

(Gâteau de semoule aux figues)

4 EL Grieß, 1/2 l Milch, 3 EL Zucker, gestrichen, 3 Eier, 250 g getrocknete Feigen

Man kocht die gezuckerte Milch mit 1/2 Vanilleschote auf, sobald sie kocht, gibt man den Grieß locker in die Milch und läßt ihn bei geringer Hitze 20 Minuten weiterkochen. Dann zieht man den Grieß vom Feuer und rührt die Eigelb darunter. Inzwischen hat man die trockenen Feigen in kleine Stücke geschnitten und übergießt sie in einer Schüssel mit kochendem Wasser. Man läßt sie 30 Minuten in dem Wasser aufquellen und gibt sie dann, gut abgetropft, zu dem Grieß. Im letzten Moment hebt man die zu steifem Schnee geschlagenen Eiweiß darunter, gießt die Masse in eine Puddingform und läßt sie im Wasserbad eine Stunde kochen. Man gibt sie in den letzten 10 Minuten in den Backofen, damit der Auflauf oben Farbe annimmt.

Grießauflauf mit Backpflaumen

(Gâteau de semoule aux pruneaux)

Dieser Auflauf wird ebenso hergestellt wie der im vorigen Rezept, anstelle der getrockneten Feigen verwendet man jedoch entkernte Backpflaumen.

Grießauflauf mit Datteln

(Gâteau de semoule aux dattes)

½ l Milch, 3 EL Zucker, 60 g Grieß, ½ Vanilleschote, 250 g Datteln, 1 Ei – 1 EL Zucker, etwas Wasser zum Karamel – Vanillecreme (Seite 171)

Man läßt die Milch mit der Vanilleschote und dem Zucker kochen. Wenn sie aufwallt, streut man den Grieß locker hinein und rührt die Mischung um, damit sie bei geringer Hitze dicklich wird, was etwa 20 Minuten dauert. Dann nimmt man den Grieß vom Feuer, nimmt die Vanilleschote heraus und läßt etwas abkühlen, bevor man das Eigelb darunterrührt.
Inzwischen entkernt man 250 g Datteln, schneidet sie in kleine Stücke und mischt sie unter den Grieß. Dann bereitet man ein blondes Karamel und karamelisiert Boden und Wände einer Form damit. Nun füllt man den Grießbrei mit den Datteln in die Form und läßt ihn im Wasserbad eine Stunde kochen. In den letzten 10 Minuten gibt man den Auflauf in den Backofen, damit er Farbe annimmt. Man stürzt den Auflauf aus der Form und serviert dazu eine Vanillecreme oder eine Creme mit Bittermandelgeschmack (s. S. 171).

Reisauflauf

(Gâteau de riz)

250 g Reis, 1 Stück Zitronenschale oder Vanille, 1 l Milch, 125 g Zucker, 3 Eier, 50 g Butter, 1 Handvoll Korinthen, 50 g kandierte Früchte, 1 EL Rum – 2 EL Zucker zum Karamel (Seite 170) – Vanillecreme (Seite 171)

Man kocht den Reis in der Milch mit Vanille oder Zitronenschale. Hat der Reis die ganze Milch aufgesogen, gibt man drei Eigelb, ein nußgroßes Stück Butter und 125 g Zucker daran, sowie einige kleingeschnittene kandierte Früchte und die Korinthen, die man in etwas Rum eingeweicht hat. Dann schlägt man die Eiweiß zu festem Schnee, hebt sie unter den Reis und füllt diesen Teig in eine karamelisierte Form, die man im Wasserbad 30 Minuten kocht und dann 10 Minuten in den Backofen steckt, damit der Deckel etwas Farbe bekommt. Man serviert zu dem Reisauflauf eine Vanillecreme (s. S. 171).

Gratinierter Reisauflauf

(Gâteau de riz gratiné)

1 l Milch, 200 g Reis, 1 Vanilleschote, 1 EL Butter, 125 g Zucker, 3 Eier, 1 Rest Blätterteig (Seite 11)

Man wäscht den Reis, tropft ihn ab, gibt ihn an die kochende Milch, die mit der Vanilleschote aromatisiert ist, und kocht ihn ca. 30 Minuten. Nach der Hälfte der Kochzeit rührt man den Zucker darunter und kocht weiter. Vor allem darf man den Reis, während er kocht, nie umrühren, wodurch man verhindert, daß er anbrennt. Ist der Reis schön aufgequollen, gibt man die Butter und die geschlagenen Eier daran, wobei man die Mischung gut verrührt, und läßt den Reis am offenen Backofen trocknen.
Aus einem Rest Blätterteig, der von einem anderen Gericht übriggeblieben ist, rollt man eine ganz dünne Platte, aus der man ein Rechteck oder einen Kreis schneidet. Damit legt man eine gebutterte und bemehlte Form aus und gibt darauf den Reis, der über dem Teig einen kleinen Rand bilden soll. Man bestreut ihn mit Zucker. Dann bäckt man den Auflauf 15–20 Minuten im heißen Backofen. Dieser Reisauflauf wird lauwarm oder kalt gegessen.

Pfirsiche Kardinal

(Pêches Cardinal)

7–8 Pfirsiche, je nach Größe, 1 Handvoll Walderdbeeren oder kleine Gartenerdbeeren, 1 Traube Weinbeeren, 1 Handvoll Mandeln oder Haselnüsse, 1 Glas Johannisbeersirup oder 2–3 EL Johannisbeergelee

Man legt in eine Kristallschüssel eine Schicht Erdbeeren und frische Weinbeeren. Darauf legt man die ganzen, sorgfältig geschälten Pfirsiche, die man da und dort mit Mandelsplittern oder Haselnußsplittern spickt, wobei man zwischen die Pfirsiche einige Erdbeeren und Weinbeeren häuft. Man übergießt alles mit dem Johannisbeersirup oder dem aufgelösten Johannisbeergelee. Man stellt die Speise mindestens zwei Stunden vor dem Servieren in den Kühlschrank.

Orangengelee

(Gelée d'oranges)

Für 6 Personen: 4 Eier, 3 EL Zucker, Saft von 4 Orangen, 1 geschälte und in Spalten zerteilte Orange, Saft von 1 Zitrone, 1 schöne Zitronenscheibe, 1 Paket Vanillezucker, 4 Blatt Gelatine

Man trennt die Eier und gibt die Eigelb mit dem Zucker in eine Schüssel, wo man sie so lange mit dem Elektroquirl schlägt, bis man eine schaumige, fast weiße Masse erhält. Man gibt den Vanillezucker dazu, den Saft der Orangen und der Zitrone und die in etwas lauwarmem Wasser aufgelöste Gelatine, und verrührt alle Bestandteile gut miteinander. Zum Schluß hebt man die zu steifem Schnee geschlagenen Eiweiß darunter und gießt alles in eine Kompottschale aus Kristall, in der man sie über Nacht im Kühlschrank kalt stellt. Beim Servieren garniert man jede Portion mit Orangenspalten, die man wie Blütenblätter rund um eine Zitronenscheibe auf dem Gelee angeordnet hat.

Igel

(Le Hérisson)

$^3/_4$ l Milch, 2 EL Zucker, 4 EL Kakao, 1 EL Reis oder Reismehl, 1 EL Stärkemehl, 50 g Mandeln, 2 Eier, 2 EL Zucker, 1 EL Kakao

Man kocht 3 EL Kakao in $^1/_2$ l Milch, wie zum Frühstück, streut den Reis locker darüber und fügt, wenn er gut gequollen ist, das Stärkemehl dazu.
Diese Masse schüttet man in eine große Schüssel und versucht, ihr die Form eines Igels zu geben, der sich zur Kugel zusammengerollt hat. Man läßt sie im Kühlschrank fest werden und stürzt sie auf eine Platte oder eine Schale. Inzwischen schneidet man die geschälten Mandeln in Stifte, die man im Backofen leicht goldgelb werden läßt. Dann pudert man den Igel mit dem restlichen, mit etwas Zucker vermischten Kakao und spickt ihn ringsum mit den Mandelstiften. Aus den Eiern, Milch und Zucker bereitet man eine Creme, zu der man 1 EL Kakao gegeben hat, und gießt diese Creme rund um den Igel.

Fruchtsalat

(Macedoine de fruits)

Man kann die Zusammensetzung dieser Fruchtsalate je nach Jahreszeit und Geschmack variieren. Im Winter: Äpfel, Bananen, Orangen und Ananas. Im Frühsommer: Erdbeeren, Kirschen, Johannisbeeren, und später: Aprikosen, Pflaumen, Melonen, Weintrauben usw. Aber man sollte daran denken, daß Orangen und die Bananen, die man das ganze Jahr über bekommt, die saftigsten Fruchtsalate bilden.

1 große Frucht von jeder Sorte wie Bananen, Orangen, 3 Äpfel oder – 1 Handvoll Erdbeeren, Kirschen, Johannisbeeren etc. – 100 g Puderzucker pro kg Obst, 1 Rotweinglas Kirschwasser oder Rum

Man schält die Bananen und die Äpfel und schneidet sie in Scheiben. Die Orangen schneidet man mit der Haut in dünne Scheiben. Man entkernt die Kirschen und die halbierten Aprikosen, gibt alle vorbereiteten Früchte in eine Salatschüssel und läßt sie mit Zucker und Kirschwasser mehrere Stunden lang ziehen. Beim Servieren untermischt man alles leicht mit dem Saft, wobei man darauf achtet, die Früchte nicht zu zerstören. Im Sommer sollte man den Fruchtsalat in den Kühlschrank stellen.

Mont Blanc mit Vanille

(Mont Blanc à la vanille)

500 g Maronen, 1/2 l Milch, 6 EL Zucker (gestrichen), 1 Vanilleschote, 1/4 l Sahne, 1 TL Vanillezucker, 2 EL Puderzucker

Man schält die Maronen und gibt sie fünf Minuten in kochendes Wasser, dann löst sich die innere Haut ganz leicht ab. Man läßt sie mit Zucker, Milch und der Vanilleschote 20 bis 25 Minuten weich kochen, dann püriert man sie im Mixer oder passiert sie durch ein Sieb auf eine Platte. Man ordnet das Püree kranzförmig an. Inzwischen schlägt man die Schlagsahne steif, gibt den Puderzucker und etwas Vanillezucker dazu und richtet sie über dem Maronenpüree an. Man stellt die Speise vor dem Servieren zwei bis drei Stunden in den Kühlschrank.

Mit Früchten gefüllte Melone

(Melon fourré aux fruits)

1 Melone, 1 Handvoll Walderdbeeren oder kleine Gartenerdbeeren, 2–3 Aprikosen, Pflaumen oder frische Weinbeeren, 3 EL Puderzucker, 1 Likörglas Kirschwasser

Man schneidet den Boden der Melone auf der Seite des Stiels in etwa $^1/_3$ der Höhe ab und entfernt den Kernteil. Mit einem spitzen Löffel entnimmt man das Fruchtfleisch und schneidet es in gleichgroße Würfel, die man mit den übrigen geputzten und gewaschenen Früchten mit Zucker und Kirschwasser zwei bis drei Stunden ziehen läßt. Dann gibt man alles in die ausgehöhlte Melone zurück, wobei man die Früchte besonders an der Oberseite gefällig anordnet. Man schließt die Melone mit ihrem Deckel und stellt sie vor dem Servieren im Kühlschrank kalt.

Maronnette

Für den Teig: 125 g Mehl, 50 g Butter, 1 ganzes Ei, 1 Prise feines Salz – *Für die Creme:* 500 g Maronen, 4 EL Zucker, 100 g Butter, 1 Vanilleschote – *Für die Glasur:* 3 EL Puderzucker, 1 TL Butter, 1 Schokoladenrippe

Für den Boden des Kuchens braucht man eine runde Sandteigplatte in der vorgesehenen Größe, die man aus Mehl und Salz, Zucker, Ei und schaumiger Butter knetet, wobei man das Mehl erst nach und nach einarbeitet. Man rollt den Teig aus, legt damit eine entsprechend große Kuchenform aus und bäckt den Teig, den man vorher mehrfach mit der Gabel angestochen hat, damit er sich nicht aufbläht. In der Zwischenzeit bereitet man eine Maronencreme. Dazu schält man die Maronen und legt sie dann fünf Minuten in kochendes Wasser, worauf man auch die innere Haut abziehen kann. Anschließend kocht man sie mit Vanille und Zucker mit wenig Wasser weich und püriert sie im Mixer oder passiert sie durch ein Sieb. Ist diese Creme etwas abgekühlt, häuft man sie auf den Sandteigboden und glasiert sie, wenn sie völlig erkaltet ist, mit einer Schokoladenglasur (s. S. 19). Bevor man den Maronenkuchen serviert, läßt man die Glasur gut erkalten.

Königliches Pflaster mit Schokolade

(Pavé royal au chocolat)

12 einfache Butterkeks, 1 Ei, 125 g Zucker, 125 g Butter, 125 g geriebene Kochschokolade, 1 Tasse sehr starker lauwarmer Kaffee, 1 EL gehackte Mandeln

Man taucht vier Keks sehr rasch in den Kaffee, damit sie nicht zerbrechen, und verteilt sie auf vier Dessertteller. Nun bereitet man die Buttercreme: Man rührt Schokolade, Zucker und weiche Butter langsam und sorgfältig zu einer dicken Creme (im Wasserbad oder auf kleinster Hitze) und fügt, nachdem man sie vom Herd genommen hat, das steifgeschlagene Eiweiß hinzu. Man streicht auf die befeuchteten Keks je eine Schicht Creme, gibt darauf wieder eingeweichte Kekse usw. Man schließt mit einer Schicht Creme ab. Die Mandeln läßt man in einer Pfanne anbräunen und streut sie über die ›Pflastersteine‹, die man im Kühlschrank erkalten läßt.

Praliné-Süßspeise

(Praliné)

125 g rosa Pralinés (mit rosa Zuckerguß umhüllte Mandeln), 6 EL Zucker, 2 EL Kartoffelmehl, 5 Eier, 1 Schote Vanille, 1/4 l Milch – 2 EL Zucker zum Karamel

Zunächst zerdrückt man in einem Mörser die mit rosa Zuckerguß glasierten Mandeln (Pralinés) und mischt dazu 4 EL Zucker und die Kartoffelstärke. Dann trennt man die Eier und schlägt die Eiweiß zu einem steifen Schnee, mischt sie mit der Pralinémasse und gießt sie in eine karamelisierte Form, wo man die Creme im Wasserbad eine halbe Stunde kochen läßt. Inzwischen macht man eine englische Creme für die Garnitur. Dazu bringt man die Milch mit Vanille zum Kochen, schlägt die Eigelb mit Zucker schaumig und mischt sie auf kleinem Feuer langsam, unter ständigem Umrühren, an die fast kochende Milch. Sobald sie anfängt dicklich zu werden, nimmt man sie vom Feuer und läßt sie erkalten. Wenn das Praliné in der Form gar ist, stürzt man es auf eine Schüssel und übergießt es mit der englischen Creme.

Äpfel mit Creme

(Pommes à la crème)

7 oder 8 kanadische Äpfel, 2 EL Johannisbeergelee, 2 EL Puderzucker, 1 EL Stärkemehl, 1/4 l Milch, 1 Paket Vanillezukker, 4 ganze Eier

Man schält die Äpfel und entfernt das Kernhaus mit einem Ausstecher. Man legt sie dann in ein Sieb und läßt sie über einem großen Topf mit Wasser im Dampf kochen, bis sie ausreichend weich sind. Dann richtet man sie auf einer Platte an, gibt in jede Kernhausöffnung 1 TL Johannisbeergelee und bestreut sie mit der Hälfte des mit Vanillezucker aromatisierten Zuckers. Nun bereitet man eine Creme, indem man das Stärkemehl in lauwarmer Milch auflöst, die geschlagenen Eier und den restlichen Zukker dazu gibt, und die Mischung auf dem Feuer so lange schlägt, bis sie aufkocht und dick wird. Dann gibt man den restlichen Vanillezucker dazu und gießt diese Creme, wenn sie erkaltet ist, über und um die Äpfel.

Mussicot

250 g Mandeln, 250 g Zucker, 250 g sehr frische Butter, 125 g Löffelbiskuits – Vanillecreme (s. S. 171) – Schokoladenfondant (s. S. 19)

Man schält die Mandeln, mahlt sie in der Mandelmühle und vermengt sie erst mit Zucker und Butter, dann mit der Vanillecreme.

Man legt den Boden und die Wände einer Form mit Löffelbiskuits aus und gießt die Mandelcreme hinein, deckt oben mit einer Schicht Löffelbiskuits ab, legt eine Untertasse mit einem Gewicht darauf, um alles gut zusammenzupressen, und stellt die Speise für 24 Stunden in den Kühlschrank. Dann stürzt man den Kuchen und übergießt ihn mit Schokoladefondant, bevor man ihn serviert.

Eispalast

(Palais de Glace)

4 EL Zucker, 1 TL Vanillezucker, 6 Eiweiß, 2 Blatt Gelatine

Man schlägt die Eiweiß zu sehr steifem Schnee und gibt 1 EL Zucker mit etwas Vanillearoma daran, sowie die in wenig lauwarmem Wasser aufgelösten Gelatineblätter. Inzwischen karamelisiert man in einer Pfanne 3 EL Zucker. Ist das Karamel schön braun, gießt man die geschlagenen Eiweiß nach und nach darunter, damit sie sich gut mit dem Karamel vermischen. Man buttert eine Form, gießt die Masse hinein und läßt sie mindestens zwei Stunden im Kühlschrank fest werden. Zum Servieren stürzt man sie aus der Form und reicht dazu eine Vanillecreme (s. S. 171).

Millat (Spezialität aus Südfrankreich)

3 EL Mehl, 3 Eier, 3 EL Zucker, 1/2 l Milch, 1 Vanilleschote – 1 EL Zucker zum Karamel

Man verquirlt Eigelb, Zucker und Mehl, schlägt die Eiweiß zu steifem Schnee und hebt sie unter diesen Teig. Dann kocht man 1/2 l Milch mit der Vanilleschote und gießt sie kochend heiß unter ständigem Umrühren zu der Mischung. Man gießt den Millat in eine karamelisierte Form und läßt ihn eine halbe Stunde im Wasserbad kochen.

Überraschungsäpfel

(Pommes Surprises)

50 g Butter, 4 EL Mehl, 2 EL Zucker, 1 Prise Salz, 1/4 l Milch, 4 ganze Eier, 4–5 Äpfel

Man schält die Äpfel, nimmt das Kernhaus heraus und schneidet sie in kleine Würfel. Dann läßt man die Butter schmelzen und gibt sie mit dem Mehl, dem Salz, dem Puderzucker und der lauwarmen Milch in eine Schüssel. Man mischt alles gut durch und fügt die Eier, eines nach dem anderen, dazu, jedes Ei erst dann, wenn das vorhergehende ganz eingearbeitet ist. Der Teig muß ziemlich flüssig sein. Dann gibt man die Apfelstücke an den Teig und belegt damit ein Kuchenblech. Man läßt im ziemlich heißen Ofen 20 bis 30 Minuten backen.

Pudding Béatrice

2 Eier – dasselbe Gewicht wie die Eier in Butter, Puderzukker und Stärkemehl, 2 Rippen Kochschokolade

Man läßt die Schokolade in ganz wenig Wasser schmelzen, gibt die Butter dazu und rührt alles cremig. In einer anderen Schüssel vermengt man den Zucker und das Stärkemehl und gibt die Eigelb, eines nach dem anderen, dazu. Dann schlägt man die Eiweiß zu steifem Schnee und gibt sie zu dem Teig, buttert eine Form und gießt die Masse hinein. Man läßt sie im schwach geheizten Backofen oder im Wasserbad eine halbe Stunde kochen. Erkaltet stürzt man die Speise und serviert sie mit einer englischen Schokoladencreme (s. S. 165).

Dattelpudding

(Pudding aux dattes)

200 g altbackenes Weißbrot oder Weißbrotkrume, 1/2 l Milch, 4 Eier, 100 g Butter, 250 g Datteln, 1 Tasse Rosinen, 1 EL Kirschwasser oder Rum – *Für die Creme:* Crème Praliné (s. S. 167) oder englische Creme (s. S. 165), die man mit 1 EL Kirschwasser oder Rum oder 1 Tropfen Bittermandelessenz aromatisiert hat

Man zerkrümelt das Weißbrot und läßt es 20 Minuten bei mäßiger Hitze in der Milch kochen, dann passiert man die Masse durch ein Sieb, gibt die Butter dazu, die schaumig geschlagenen Eier, die gewaschenen Rosinen und die entkernten und in kleine Stücke geschnittenen Datteln. Man behält einige Datteln zur Dekoration zurück. Ist der Teig schön gleichmäßig, gibt man Kirschwasser oder Rum dazu und gießt ihn in eine gut gebutterte Charlottenform, die man mit Kristallzucker ausgestreut hat. Man läßt sie eine halbe Stunde im Wasserbad kochen, dann stürzt man den Pudding, sobald er etwas abgekühlt ist, und übergießt ihn mit einer Creme Praliné (s. S. 167) oder englischer Creme, die man mit Kirschwasser oder Rum oder Bittermandelessenz aromatisiert hat.

Königlicher Pudding

(Pudding Royal)

4 Eier, 4 EL Zucker, 4 EL Kartoffelstärkemehl, etwas Vanillemark, 1 Tasse kandierte Früchte, 1/2 Tasse geschälte Mandeln, 1 Südweinglas Kirschwasser oder Rum – *Für die Creme:* 1/2 l Milch, 3 Eigelb, 3 EL Puderzucker, etwas Vanillemark

Man gibt die Eigelb mit Zucker und Vanille in eine Schüssel, fügt das Stärkemehl dazu und dann die zu sehr steifem Schnee geschlagenen Eiweiß, füllt damit eine gebutterte Form zur Hälfte, läßt im schwach geheizten Backofen backen und stürzt den erkalteten Pudding. Dann spickt man ihn mit in Streifen geschnittenen Mandeln und kandierten Früchten, übergießt ihn mit Rum oder Kirschwasser, das man zu einem Drittel mit Wasser verdünnt hat, läßt ihn darin 12 Stunden ziehen und serviert ihn mit einer Vanillecreme (Zubereitung siehe Seite 171).

Pudding mit kandierten Früchten

(Pudding aux fruits confits)

1 Rest Brioche oder 1 ganze Brioche oder anderer leichter Hefekuchen, 60 g kandierte Früchte, 1 Handvoll Weinbeeren, 1/2 Südweinglas mit Rum oder Kirschwasser, 3 Eier, 4 EL Zucker, 1/2 l Milch, 1–2 EL Zucker für das Karamel

Man bereitet in einer runden Form ein Karamel, legt auf den Boden der Form Briochescheiben, dann eine Schicht in Stücke geschnittene kandierte Früchte und entkernte Malagatrauben, die man in etwas Rum oder Kirschwasser eingeweicht hat, darauf wieder eine Schicht Briochescheiben und so weiter, bis man mit einer Schicht Briochescheiben abschließt. Man übergießt alles mit Rum oder Kirschwasser. In einer Schüssel schlägt man die Eier mit Zucker schaumig, gießt unter ständigem Rühren kochende Milch darüber und bereitet so eine Creme. Ist diese dicklich genug, gießt man sie über den Pudding und läßt diesen im Wasserbad oder im schwach geheizten Backofen etwa eine Stunde garen. Den erkalteten Pudding stürzt man aus der Form und dekoriert ihn mit einigen zurückbehaltenen kandierten Früchten.

Familienpudding

(Pudding de famille)

2 Tassen Weißbrotkrume, 500 g Äpfel, 1 Tasse Backpflaumen, 1 Tasse Datteln, die abgeriebene Schale von 2 ungespritzten Zitronen, 125 g Butter, 5–6 Eier, 1/2 Glas Rum (gut 1/8 l)

Man weicht die Datteln und die Backpflaumen, die man entkernt und in kleine Stücke geschnitten hat, in einer Mischung aus etwas Rum und Wasser ein.
Dann zerpflückt man die Brotkrume und gibt sie mit den Eigelb, die man eines nach dem anderen dazurührt, in eine Schüssel. Man rührt lange durch, gibt Zucker und die eingeweichten Früchte dazu, sowie die geschälten und in Würfel geschnittenen Äpfel, läßt die Butter über Wasserdampf weich werden und rührt sie ebenfalls an die Masse. Zum Schluß hebt man die zu steifem Schnee geschlagenen Eiweiß darunter. Man gießt diese Masse in eine gut gebutterte feuerfeste Form, bestreut die Oberseite reichlich mit Kristall- oder Puderzucker und läßt den Pudding 45 Minuten im Wasserbad kochen. Dann gießt man kräftigen, leicht angewärmten Rum darüber und serviert brennend.

Maronenpudding

(Pudding aux marrons)

500 g Maronen, 80 g Butter, 3 EL Zucker, 4 Eier, 1/4 l Milch, 1 Prise Salz, 1/2 TL Vanillemark

Man läßt die Milch kochen. Inzwischen schält man die Edelkastanien oder Maronen sehr sorgfältig. Dann kocht man sie in der Milch mit etwas Salz und der Vanille weich, passiert sie durch ein Sieb oder püriert sie im Mixer und gibt das Püree mit Zucker und frischer Butter in eine Kasserolle. Man läßt es etwas abtrocknen und gibt dann nach und nach, eines nach dem anderen, unter ständigem Umrühren die Eigelb daran und schließlich die zu steifem Schnee geschlagenen Eiweiß. Dann buttert man eine Form aus, füllt die Masse hinein und läßt im Wasserbad oder im schwach geheizten Backofen eine halbe Stunde kochen. Man kann den Pudding servieren wie er ist, oder man übergießt ihn mit einer englischen Creme mit Schokolade.

Milchreis

(Riz au lait)

1 l Milch, 300 g polierter Reis, eine Zitronenschale, ungespritzt, 1 Vanilleschote, 3 EL Zucker

Man kocht 300 g gewaschenen Reis in 1 Liter Milch, indem man ihn sehr langsam auf möglichst schwachem Feuer quellen läßt, ohne jemals umzurühren. Kurz vor Ende der Kochzeit gibt man den Zucker dazu und läßt fertig quellen.
Der Reis ist richtig, wenn er die ganze Milch aufgesogen hat. Bereitet man ihn auf die beschriebene Weise zu, haftet er nie an der Kasserolle. Man ißt den Milchreis lauwarm.

Reis mit Konfitüre

(Riz à la confiture)

Zutaten wie im vorigen Rezept, als Beilage 1 Tasse Johannisbeer- oder Aprikosenkonfitüre

Man kocht den Reis, wie im vorhergehenden Rezept beschrieben, läßt ihn aber am offenen Backofen etwas abtrocknen, denn er sollte etwas kompakt sein.
Dann häuft man ihn kuppelförmig auf eine Dessertschale, macht oben eine Vertiefung hinein und füllt diese mit Konfitüre.

Malteser Milchreis

(Riz au lait maltais)

100 g Reis, 1/2 l Milch, 1 Orangenschale (abgerieben), 4 EL Zucker, 2 EL frische Sahne, 50 g Butter, 1 TL feines Salz, 4 Blatt Gelatine, 50 g kandierte Orangen und andere kandierte Früchte

Zunächst läßt man den Reis in der gezuckerten Milch kochen und ausquellen und gibt vor Ende der Garzeit einen Teil der abgeriebenen Orangenschale dazu. Inzwischen löst man die Gelatine in etwas lauwarmem Wasser auf und zieht sie unter den etwas abgekühlten Reis. Nun vermischt man den Reis möglichst rasch mit Butter, Salz und Sahne, gibt ihn in eine gebutterte Auflaufform und stellt ihn einige Stunden kalt. Dann stürzt man den Reispudding und garniert ihn mit der restlichen abgeriebenen Orangenschale und nach Belieben mit kandierten Früchten (Orangeat, Zitronat u.a.).

Kabinetts-Pudding

(Pudding de cabinet)

Für den Pudding: 1/2 l Milch, 1 Vanilleschote, 1 Tasse Zucker, 150 g Löffelbiskuits oder 1 Genueser Kuchenteig (s. S. 81), 1/2 Tasse Rosinen und Korinthen, gemischt, 1/2 Tasse kandierte Früchte, 2–3 EL Kirschwasser oder Rum – *Für die Creme:* Gestürzte Creme mit Kirschwasser oder Vanille (Seite 170)

Man kocht die Milch mit der Vanilleschote, schlägt die Eier mit dem Zucker mit dem Elektroquirl schaumig und gibt sie unter ständigem Umrühren in die heiße Milch. Man läßt diese Creme erkalten, wobei man sie von Zeit zu Zeit umrührt. Die kandierten Früchte schneidet man in kleine Würfel und läßt sie mit den Rosinen in etwas mit Wasser verdünntem Rum ziehen. Dann buttert man eine Charlottenform aus, bestreut sie mit etwas Puderzucker oder Kristallzucker und legt zunächst eine Schicht der kandierten Früchte und der Rosinen hinein, darauf eine Schicht Löffelbiskuits oder Stücke eines Genueser Kuchens (s. S. 81), dann wieder Früchte und Rosinen usw., und schließt mit einer Schicht Biskuits ab.

Über das Ganze gießt man dann die Creme, und zwar nach und nach, damit sich alles damit ansaugt. Man läßt den Pudding im Wasserbad eine halbe Stunde kochen und gibt ihn am Schluß für 8–10 Minuten in den Backofen, um ihn zu trocknen und zu festigen. Ist er etwas abgekühlt, stürzt man ihn und umgießt ihn mit englischer Creme mit Rum oder Kirschwasser.

Schwimmende Insel

(Ile flottante)

Für den Kuchen: 4 Eier, 125 g Puderzucker, 2 Päckchen Vanillezucker, 2 Blatt Gelatine – *Für die Creme:* 1/2 l Milch, 1/2 Vanilleschote oder 1 Päckchen Vanillezucker, 6 EL Zucker

Zunächst trennt man die Eier und schlägt die Eiweiß mit dem Puderzucker zu einem festen Schnee. Dann löst man in 2 EL lauwarmem Wasser die Gelatine auf, mischt sie unter den steif geschlagenen Eischnee und den Puderzucker und gibt Vanillezukker daran.

Dann ölt man leicht eine Form, in die man die Masse gießt, und stellt sie längere Zeit in den Kühlschrank. In der Zwischenzeit bereitet man eine Vanillesauce, indem man die gezuckerte und mit Vanille aromatisierte Milch aufkocht, unter ständigem Umrühren mit dem Eigelb vermischt und vor dem ersten Aufwallen vom Feuer nimmt. Ist diese Creme gut erkaltet, stürzt man den Pudding aus seiner Form und serviert ihn mit der Cremesauce.

Reis der Kaiserin

(Riz à l'Impératrice)

Für 6–8 Personen: 1/2 l Milch, 125 g Reis, 50 g Butter, 1/4 l frische Sahne, 3 EL Zucker, 3 Eigelb, 1/2 TL Vanillemark, 1 Likörglas Kirschwasser, 1 Prise Salz – *Für die Creme:* 1 1/2 EL Zucker, 1/4 l Milch, 2 Eigelb

Man läßt den Reis in 1/2 l Milch langsam mehr quellen als kochen, nachdem man die Milch gezuckert, leicht gesalzen und mit Vanillemark aufgesetzt hat. Ist er schön saftig und gar und noch sehr heiß, gibt man die Eigelb, eines nach dem anderen, unter den Reis und rührt die Mischung ständig um, dann gibt man die Butter, die kleingeschnittenen kandierten Früchte und das Kirschwasser dazu und schließlich die steifgeschlagene Sahne. Man buttert eine Form aus, füllt die Mischung hinein und stellt sie kalt. Man gibt zu diesem Dessert eine englische Creme mit Kirschwasser, die man aus 2 Eigelb, 1/4 l Milch und 1 1/2 EL Zucker angerührt hat (s. Seite 165). Man dekoriert die Speise mit ausgeschnittenen kandierten Früchten usw.

Suprême mit Pistazien

(Suprême aux pistaches)

1/2 l frische Sahne, 125 g süße Mandeln, 30 g Pistazienkerne, 100 g Zucker, 200 g Löffelbiskuits, 1 Südweinglas Kirschwasser, 1 Tropfen grüne Speisefarbe

Man schlägt die Schlagsahne steif, achtet aber darauf, daß sie nicht zu Butter wird, fügt den Farbstoff und die mit Zucker zerstampften geschälten Mandeln und Pistazien dazu und legt eine kleine Menge gehackter Pistazienkerne und 2 EL Schlagsahne für die Garnitur beiseite. Dann legt man den Boden und die Seitenwände einer Form mit Löffelbiskuits aus, gibt auf den Boden eine dicke Schicht Schlagsahne, dann wieder Biskuits und so weiter, bis man mit einer Schicht Biskuits abschließt, die man mit Kirschwasser beträufelt. Auf diese letzte Schicht legt man eine Untertasse mit einem Gewicht, um alles gut zusammenzupressen, und stellt die Speise kalt. Nach mehreren Stunden kann man die Suprême auf eine Kompottschüssel stürzen und mit dem Rest der Schlagsahne und einigen gehackten Pistazienkernen garnieren.

Der ›Schöne Düstere‹

(Le Beau Tenebreux)

Für den Kuchen: 125 g Löffelbiskuits, 1/2 Rotweinglas Kirschwasser, 2 Tassen frische Sahne – *Für die Glasur:* 2 Rippen Kochschokolade, 1 EL Puderzucker, 1 nußgroßes Stück Butter

Man taucht eine viereckige Kuchenform in Wasser und belegt ihren Boden mit Löffelbiskuits, die man mit Kirschwasser, mit etwas Wasser verdünnt, beträufelt. Dann schlägt man die Schlagsahne steif, aromatisiert sie mit etwas Kirschwasser und gibt eine Schicht davon auf die Löffelbiskuits, legt darauf wieder beträufelte Biskuits und so weiter, bis man mit einer Schicht Biskuits abschließt. Man stellt den Kuchen kalt, stürzt ihn nach mehreren Stunden und überzieht ihn mit einer Schokoladenglasur, die man aus geschmolzener Schokolade mit Puderzucker und etwas zerlassener Butter angerührt hat.

Neger im Hemd

(Nègre en chemise)

60 g geriebene Schokolade, 50 g Butter, 60 g Mandeln, 2 Eier, 125 g frische Sahne, 1 Paket Vanillezucker

Man schält die Mandeln und treibt sie mit etwas Zucker durch die Mandelmühle, wobei man einige Mandeln für die Garnitur beiseite legt, mischt sie dann mit dem restlichen Zucker, der Schokolade und den geschlagenen Eigelb und zum Schluß mit den zu steifem Schnee geschlagenen Eiweiß. Dazu rührt man auf kleinem Feuer die erwärmte Butter, füllt damit eine entweder ausgebutterte oder karamelisierte Charlottenform und kocht im Wasserbad 1 1/2 Stunden. Man dekoriert den Schokoladenpudding wie ein Gesicht mit Mandeln und umgibt dieses Gesicht mit gezuckerter und vanillierter Schlagsahne.

Das Zebra

(Le Zèbre)

1 l Milch, 3 Blatt Gelatine, 1 Handvoll grob gemahlener Kaffee, 2 Rippen vanillierte Kochschokolade, 4 EL Puderzukker

Man zuckert 1/2 l Milch mit 2 EL Puderzucker und läßt sie mit den Kaffeebohnen aufkochen. Dann passiert man diese Mischung durch ein Sieb, setzt sie wieder aufs Feuer und gibt zwei in etwas lauwarmem Wasser aufgelöste Gelatineblätter dazu.

Mit dem anderen halben l Milch kocht man eine dicke Schokolade, zu der man 2 EL Puderzucker und 1 aufgelöstes Gelatineblatt gibt. Dann buttert man eine ziemlich hohe Charlottenform und gibt auf den Boden eine Schicht der dicken Schokolade. Dann stellt man die Form in den Kühlschrank. Ist die Schokolade fest geworden, gibt man eine Schicht Kaffeecreme darüber und läßt sie ebenfalls kalt und fest werden, dann wieder eine Schokoladenschicht, nach dem Erkalten wieder eine Milchkaffeeschicht und so fort, bis die Form gefüllt ist. Man stellt die Speise fünf bis sechs Stunden in den Kühlschrank.

Suprême

6 Eiweiß, 3 EL Zucker, 225 g Mehl, 80 g Butter, 1 Prise Vanillemark oder 1 EL Orangenblütenwasser, 1 Tasse frische Sahne

Man läßt die Butter in der Nähe des Ofens oder an anderer Stelle weich werden. Dann schlägt man die Eiweiß zu steifem Schnee, gibt Zucker und Vanille dazu und schließlich das Mehl und die schaumig gerührte Butter. Man buttert eine Form aus und läßt den Teig darin etwa 20 Minuten backen. Dann stürzt man den Kuchen und serviert ihn, mit leicht gezuckerter geschlagener Sahne garniert.

Toast mit Konfitüre

(Toast à la confiture)

100 g altbackenes Weißbrot, 2 Eigelb, 1–2 EL Zucker, 50 g Butter, 3 EL Milch, reichlich Konfitüre (von beliebigem Obst), 1 EL Rum

Man schneidet altbackenes Brot in dünnen Scheiben in eine gebutterte Form, belegt es mit Butterflöckchen, gibt darüber Konfitüre von Johannisbeeren oder Aprikosen, und so weiter, bis die Form gefüllt ist. Dann schlägt man die Eigelb mit Zucker und etwas Rum, gießt sie über die Form und bäckt sie sechs bis sieben Minuten im mittelheißen Backofen. Man kann die Konfitüre auch durch Apfelpüree oder gekochte, entkernte Backpflaumen ersetzen.

Rumschnitten

(Tranches au rhum)

1 Brioche in Kranzform (oder entsprechend geformtes Hefegebäck), 50 g Butter, 1 kleines Glas Rum oder Maraschino, 2 EL Zucker, etwas Wasser, 1 Handvoll Korinthen, 1 Handvoll feingehackte kandierte Früchte

Man schneidet die Brioche in Scheiben auf, die man in etwas Butter röstet. Dann kocht man mit Zucker und wenig Wasser einen Sirup, zu dem man Rum oder Maraschino, die Korinthen und kandierten Früchte gibt. Man richtet die Briocheschnitten auf einer Platte an und übergießt sie mit dem Früchtesirup. Sie schmekken warm am besten.

Zéphyr

$^1/_4$ l frische Sahne, $^3/_4$ l Milch, 200 g Zucker, 3 Blatt Gelatine, 1 Likörglas Kirschwasser – *Für das Karamel:* 4 EL Zucker, 1–2 EL Wasser

Man rührt in einer hohen Form eine Karamelschicht, kleidet die Form damit aus und läßt sie erkalten. Dann kocht man die Milch mit dem Zucker, gibt das Kirschwasser dazu und die in sehr wenig lauwarmem Wasser aufgelösten Gelatineblätter, und läßt dies unter ständigem Umrühren einige Minuten kochen. Dann schlägt man die Schlagsahne möglichst fest und gibt sie an die Masse, gießt alles zusammen in die karamelisierte Form , läßt es im Kühlschrank sehr fest werden und serviert es mit kleinen Waffeln.

Reis mit Birnen

(Riz au poires)

5–6 Birnen, 5 EL Zucker, 1 TL Vanillemark, 3 Makronen, 1 Tasse Reis, $^1/_2$ l Milch

Man kocht Milch, 3 EL Zucker, Vanille und Reis zu Milchreis, den man ausreichend quellen läßt, füllt ihn in eine Porzellanschüssel und hält ihn warm. Dann schält man die Birnen, entkernt sie, schneidet sie in Viertel und kocht sie in einem bis zum Perlen gekochten Sirup weich. Die Birnenschnitten richtet man auf dem Reis an, bestreut sie mit den zerdrückten Makronen und gibt die Speise einige Minuten zum Überbacken in den Backofen. Sobald sie etwas Farbe angenommen hat, übergießt man sie mit dem Birnensirup und serviert sie lauwarm.

Cremes

Aprikosencreme

(Crème à l'abricot)

500 g reife Aprikosen, 6 EL Zucker, 6 Eier, 1 Tropfen Bittermandel-Essenz oder 1 EL Kirschwasser, 1 Glas Wasser (ca. 1/4 l)

Man schält und entkernt die Aprikosen und püriert sie im Mixer, gibt zu diesem Püree den Zucker, das Kirschwasser oder die Mandelessenz und 1 Glas lauwarmes Wasser. Dann schlägt man die Eier ausgiebig, wie für eine Omelette, und setzt das Aprikosenpüree aufs Feuer. Hat sich der Zucker, unter ständigem Rühren, in Sirup verwandelt, nimmt man ihn vom Feuer und gießt die geschlagenen Eier an das Püree, wobei man die Mischung mit einem Holzlöffel ständig weiter rührt. Sobald die Aprikosencreme anfängt, dick zu werden, nimmt man sie vom Feuer und passiert sie in eine Kompottschale, läßt sie gut kalt werden und serviert sie dann.

Feinste Kaffeecreme

(Crème au café suprême)

1/2 l Milch, 1 TL Kaffee-Essenz oder dick angerührter Pulverkaffee, 125 g Zucker, 2 EL Kartoffelmehl, 2 ganze Eier, 2 Eigelb, 1 Tasse frische Sahne

Man schlägt die ganzen Eier mit dem Zucker und den Eigelb genügend lang, bis sie schön schaumig sind, gibt 1/2 TL Kaffee-Essenz dazu und dann das Kartoffelmehl. Man bringt die Milch zum Kochen und gibt sie unter ständigem Umrühren an die Ei-Zucker-Mischung. Sobald sie dicklich wird, nimmt man sie vom Feuer, gibt sie in eine gebutterte Form und läßt sie im Wasserbad 25–30 Minuten kochen und dann erkalten. Man gibt sie in eine Kompottschale und garniert sie mit geschlagener, gezuckerter Schlagsahne, die man mit der restlichen Kaffee-Essenz aromatisiert hat.

Schokoladencreme

(Balance au chocolat)

5 ganze Eier, 5 Rippen Kochschokolade

Man schmilzt die Schokolade in einer kleinen Kasserolle im Wasserbad. Dann trennt man die Eier und schlägt die Eigelb mindestens 10 Minuten, bis sie ganz hell und schaumig geworden sind. Man gibt die geschmolzene Schokolade dazu und verrührt beides gut miteinander. Nun schlägt man die Eiweiß zu einem festen Schnee und hebt ihn vorsichtig unter die Schokoladenmasse. Dann gießt man die Masse in eine Kristallschüssel oder in kleine Portionsförmchen aus Porzellan und stellt sie mindestens vier bis fünf Stunden in den Kühlschrank.

Schokoladenbuttercreme, andere Art

(Crème au beurre au chocolat, deuxième procédé)

1/5 l Milch, 3 Rippen Kochschokolade mit Vanille, 3 EL Puderzucker, 4 Eigelb, 150 oder 125 g Butter

Man gibt die Eigelb mit Zucker in eine Schüssel und schlägt sie so lange, bis man einen hellen Schaum erhält. In einer Kasserolle schmilzt man die Schokolade zunächst mit etwas warmer Milch und dann mit der restlichen Milch, läßt sie aufkochen und vermengt sie unter Umrühren langsam mit dem Eigelb- und Zukkerschaum. Man nimmt sie vom Feuer, sobald die Sauce dick wird. Man läßt sie kalt werden, rührt dann die im Dampf schaumig gerührte Butter sorgfältig darunter und stellt sie vor der Verwendung kalt.

Bananencreme

(Crème de bananes)

4 Bananen, 3 EL Zucker, 1/4 l frische Sahne, etwas Vanillemark

Man schält die Bananen und schneidet sie in hauchdünne Scheibchen. Dann schlägt man sie zusammen mit der Schlagsahne, dem Zucker und Vanille, bis die Creme dick genug ist. Sie eignet sich sehr gut als Füllung für Hefengebäck, z.B. Brioches.

Englische Vanillecreme
(Crème anglaise à la vanille)

$^1/_2$ l Milch, 5 Eigelb, 125 g Zucker, 1 ausgeschabte Vanilleschote

Man kocht die Milch mit Vanille auf und hält sie 15–20 Minuten warm. Dann schlägt man die Eigelb mit dem Zucker, bis diese Creme dick wie eine Mayonnaise ist, und fügt unter ständigem Umrühren die heiße Milch daran. Man gießt alles in eine Kasserolle auf schwachem Feuer, bis der Eischaum unter leichtem Umrühren ganz aufgenommen ist. Diese Creme soll sehr leicht sein, man passiert sie vor dem Servieren durch ein feines Sieb.

Englische Schokoladencreme
(Crème anglaise au chocolat)

Dieselben Zutaten wie für englische Vanillecreme (s. oben). Die Vanille wird durch 1 EL Kakao oder 2 Rippen in etwas Wasser geschmolzener Kochschokolade ersetzt.

Die Zubereitung ist dieselbe wir für Vanillecreme.

Frangipanecreme mit Maronen
(Crème frangipane aux marrons)

2 EL Hafermehl oder Stärkemehl, 4 EL Zucker, 2 Eier, $^1/_2$ l Milch, 1 reichliche Handvoll Maronen

Man schält die Maronen (Edelkastanien), nachdem man sie in kochendes Wasser gelegt hat, kocht sie, wenn sie sauber abgeschält sind, in wenig Wasser und Zucker weich und püriert sie dann im Mixer oder passiert sie durch ein Sieb.
Inzwischen bereitet man eine feste Creme, indem man die Eier mit dem Zucker verquirlt, dann das Mehl dazugibt und schließlich die kochende Milch. Man rührt die Creme auf schwacher Hitze etwa eine Viertelstunde. Ist sie schön dick, gibt man das Kastanienpüree daran und läßt sie kalt werden. Diese Frangipanecreme kann man gut zur Füllung von Törtchen oder Blätterteigkuchen verwenden.

Frangipanecreme

(Crème frangipane)

Zutaten, um 1 großen oder 6 kleine Kuchen zu garnieren:
80 g Mandeln, 80 g Zucker, 30 g Butter, 1 Eigelb, 1/2 Glas Rum

Man kann die Mandeln schälen, muß es aber nicht. Man mahlt sie in der Mandelmühle möglichst fein und vermischt sie mit dem Zucker, anschließend gibt man das Eigelb, die schaumig gerührte Butter und schließlich den Rum dazu. Man rührt alles mit einem Holzlöffel gut durch, bis die Masse schön gleichmäßig ist, und läßt sie etwas ruhen, bevor man sie weiterverwendet.

Creme zum Mokka

(Crème pour moka)

2–3 Eigelb, 3 EL Zucker, 1 Schnapsglas sehr starker Kaffee oder 1 TL Kaffee-Essenz, 200 g Butter

Man schmilzt den Zucker mit dem Kaffee oder etwas Wasser, wenn man Kaffee-Essenz verwendet. Kocht der Sirup lebhaft, nimmt man ihn vom Feuer und mischt ihn vorsichtig unter die Eigelb und rührt dabei ständig um. Dann gibt man die Butter dazu. Ist die Masse schön gleichmäßig und fängt an, dicklich zu werden, stellt man sie vor Verwendung kalt.

Erdbeercreme

(Crème aux fraises)

500 g Waldbeeren oder Gartenerdbeeren – *Für die Creme:*
2 ganze Eier, 1 EL Kartoffelmehl, 3 EL Zucker, 1/4 l Milch

Man bereitet nach Rezept (s. S. 171) eine etwas dicke Vanillecreme.

Die Erdbeeren zerdrückt man oder püriert sie im Mixer, behält sich aber eine kleine Handvoll für die Garnierung zurück. Man zuckert dieses dicke Fruchtmus, gibt es zur erkalteten Vanillecreme und stellt diese Mischung mindestens eine Stunde vor dem Servieren kalt. Dann garniert man die Creme mit einigen ganzen Früchten.

Crème Marjan

500 g Kochschokolade, 2 EL Mehl, 2 EL Kakao, 5 EL Zucker, 60 g Butter, 1 l Milch, mit Vanille gewürzt

Man schmilzt die Schokolade mit ein wenig heißer Milch in einer Kasserolle. Dazu gibt man das Kakaopulver und den Zucker und fügt nach und nach die mit Vanilleschote aufgekochte Milch unter ständigem Umrühren bei.
Man läßt auf schwacher Hitze bei gelegentlichem Umrühren 1½ Stunden kochen, wobei man darauf achten muß, daß die Schokolade nicht anliegt. Eine Viertelstunde vor Beendigung der Kochzeit gibt man die Butter dazu und läßt die Masse dann im Kühlschrank gründlich kalt und fest werden.

Praliné-Buttercreme
(Crème au beurre pralinée)

3 EL Zucker, 3 Eigelb, 1 TL Stärkemehl, ¼ l Milch (ca.), 100 g frische Butter, 1 Tasse geschälte, gehackte Mandeln

Man verrührt 2 EL Zucker lange mit den Eigelb, gibt das Stärkemehl dazu und dann die leicht angewärmte Milch. Man rührt mit einem Holzlöffel um, gibt die Mischung in eine Kasserolle und läßt sie so lange erhitzen, bis sie dicklich wird, d.h. bis kurz vor dem Aufwallen. Dann treibt man die geschälten und gehackten Mandeln mit dem Zucker mehrmals durch die Mandelmühle, bis sie die Konsistenz eines Pürees haben, gibt sie dann unter ständigem Schlagen mit dem Schneebesen an die Creme und schlägt zum Schluß die frische Butter in kleinen Flöckchen unter.

Schokoladenbuttercreme
(Crème au beurre au chocolat)

Zutaten und Zubereitung wie für Mokka-Buttercreme (s. S. 168), doch läßt man anstelle der Kaffee-Essenz zwei Rippen Kochschokolade in wenig Wasser schmelzen und vor der Weiterverwendung etwas abkühlen.

Mokka-Buttercreme

(Crème au beurre moka)

200 g Butter, 2 Eigelb, 180 g Puderzucker, 1 TL Kaffee-Essenz

Man rührt die Butter schaumig und arbeitet den Zucker hinein, gibt die Eigelb dazu und die Kaffee-Essenz und rührt die Creme ziemlich lang. Ist sie vollkommen glatt, stellt man sie vor Verwendung einige Stunden kalt.

Schaumcreme

(Crème mousseuse)

$^3/_8$–$^1/_2$ l Milch, 1 Vanilleschote, 2 EL Stärkemehl, 4 EL Zucker, 1 Prise Salz, 3 Eier

Man verrührt langsam in gezuckerter und mit Vanille aromatisierter Milch das in etwas kalter Milch verquirlte Stärkemehl und die drei Eigelb, läßt die Mischung bis zum Aufwallen kochen, dann nimmt man sie vom Feuer und gibt die zu steifem Schnee geschlagenen Eiweiß unter die noch heiße Masse. Man rührt die Mischung noch kurz am Herdrand durch. Dann läßt man sie erkalten und serviert sie in Kristallbechern. Sie eignet sich auch gut zum Übergießen der Schokolade-Überraschungscreme (s. S. 171).

Crème St-Augustin

(Am Vorabend zu bereiten)

4 Rippen Kochschokolade, 4 Eier

Man schmilzt die Schokolade mit sehr wenig Wasser in einer Kasserolle. Dann nimmt man die flüssige Schokolade vom Feuer und gießt sie in einen ziemlich tiefen Topf, wo man zunächst die Eigelb, eines nach dem anderen, an die Schokolade rührt. Man läßt die Mischung erkalten und schlägt dann die Eiweiß zu einem steifen Schnee, den man an die Creme gibt. Man stellt die Creme für den nächsten Tag kalt.

Konditorcreme mit Vanille

(Crème pâtissière à la vanille)

2 EL Mehl, 4 EL Zucker, 2 Eigelb, 1/2 l kochende Milch, 1 Vanilleschote

Man schlägt die Eigelb mit 60 g Zucker, den man mit Vanille aromatisiert hat, schaumig, mischt 2 EL Mehl unter diesen Schaum und gießt dann nach und nach 1/2 l kochende Milch dazu, in der man eine Vanilleschote mitgekocht hat, rührt gut um und läßt die Mischung so lange auf dem Feuer, bis eine dicke Creme entsteht. Man rührt bis zum Erkalten gelegentlich um.

Konditorcreme mit Schokolade

(Crème pâtissière au chocolat)

Dieselben Zutaten wie im vorstehenden Rezept, doch ersetzt man die Vanilleschote durch 1 EL Kakaopulver oder 2 geschmolzene Kochschokoladerippen.

Konditorcreme mit Kaffee

(Crème pâtissière au café)

Dieselben Zutaten wie in den vorigen Rezepten, mit dem Unterschied, daß man die fertige Creme mit 1 TL Kaffee-Essenz aromatisiert.

Creme ohne Eier

(Crème sans oeufs)

2 Rippen Kochschokolade, 1/4 l heiße Milch, 1 EL Kartoffelmehl oder Stärkemehl, 1/4 l frische Sahne (nach Belieben)

Man schmilzt die beiden Schokoladenrippen in sehr wenig Wasser und gibt sie zu der heißen Milch. Dann löst man 1 EL Kartoffelmehl oder Stärkemehl in etwas kalter Milch auf und gibt sie ebenfalls zu der heißen Milch mit Schokolade, die man auf schwacher Hitze so lange unter ständigem Umrühren kochen läßt, bis man eine dicke Creme hat. Diese läßt man erkalten. Zu der Creme kann man die steif geschlagene Sahne mischen, doch ist dies nicht unbedingt nötig.

Gestürzte Creme oder Eier in Milch

(Crème renversée ou oeufs au lait)

6 Eier, 1 l Milch, 1 Vanilleschote oder 1 TL Orangenblütenwasser, ca. 7 EL Zucker

Man kocht die Milch mit der Vanilleschote oder mit Orangenblütenwasser und Zucker auf.
Dann schlägt man sechs Eier in eine Schüssel und gießt nach und nach unter ständigem Schlagen und Rühren die kochende Milch darunter. Man passiert diese Mischung dann durch ein feines Haarsieb in eine feuerfeste Form und gart sie, entweder im Wasserbad oder im Backofen, eine knappe halbe Stunde. In letzterem Fall bestreut man die Oberfläche der Masse mit Puderzucker, der dabei karamelisiert und eine rötliche Haut bildet. Man muß darauf achten, daß man das Kochen genau dann unterbricht, wenn die Creme anfängt, dick zu werden.

Gestürzte Creme, andere Form

(Crème renversée, deuxième formule)

3 Eier, 1/2 l Milch, 150 g Zucker, 1 Vanilleschote oder 1 EL Kirschwasser, 2–3 EL Zucker für das Karamel

Man kocht die Milch mit dem Zucker und mit Vanille oder mit Kirschwasser. Dann schlägt man die Eier schaumig wie für eine Omelette, gibt nach und nach von der kochenden Milch dazu und rührt ständig um. Mit Zucker und etwas Wasser rührt man ein Karamel und kleidet eine Form damit aus, in die man die etwas erkaltete Creme einfüllt und im Wasserbad oder zugedeckt im Backofen eine halbe Stunde gar werden läßt.

Gestürzte Karamelcreme

(Crème renversée au caramel)

Dieselben Zutaten und die gleiche Zubereitung wie im vorstehenden Rezept, mit dem Unterschied, daß man die Vanilleschote durch ein Karamel ersetzt, das man aus ca. 2 EL Zucker mit wenig Wasser bereitet und auf die kochende Milch gießt, bevor man diese mit den geschlagenen Eiern vermischt.

Gestürzte Creme mit Kaffee
(Crème renversée au café)

Zutaten und Zubereitung wie vorstehend, mit dem Unterschied, daß man zusätzlich 2 TL Kaffee-Essenz oder Pulverkaffee dazugibt, den man in die kochende Milch gibt.
Man gießt die Creme in eine karamelisierte Form, in der man sie – entweder im Wasserbad oder zugedeckt im Backofen – eine halbe Stunde gar werden läßt.

Vanille-Creme
(Crème à la vanille)

1/4 l Milch, 1 Vanilleschote, 3 Eigelb, 125 g Zucker

Man läßt die Milch mit der aufgeschlitzten Vanilleschote kochen. In der Zwischenzeit schlägt man in einer Schüssel die Eigelb mit dem Zucker schaumig, gibt dann unter ständigem Umrühren die kochende Milch dazu, gießt die Mischung in eine Kasserolle, wo man sie bei schwacher Hitze unter ständigem Umrühren wieder zum Kochen bringt. Sobald die Creme dicklich wird, zieht man sie vom Feuer und läßt sie in einer Kompottschüssel kalt werden. Man kann die Creme auch, wenn sie schon dick geworden ist, in eine feuerfeste Form gießen und im Backofen backen. Ebenso kann man diese Creme mit Kaffee, Schokolade oder Zitronenaroma zubereiten.

Überraschungscreme
(Crème Surprise)

6 Rippen Kochschokolade, 2 EL Zucker, 2 Eigelb, 1/4 l Milch –
Für die englische Creme als Garnitur: 3 Eigelb, 1 Tasse Milch,
2 EL Zucker, 1 Prise Vanillemark

Man schmilzt die Schokolade langsam in sehr wenig Wasser auf kleiner Flamme. Dann gibt man zwei schaumig geschlagene Eigelb mit Zucker dazu und gießt die erhitzte Milch über diese Mischung, die man in kleinen Portionsförmchen erkalten läßt.
Dann bereitet man als Garnitur eine englische Creme mit Eiern, Zucker, heißer Milch und Vanille (s. S. 165), die man erkalten läßt und dabei häufig umrührt. Man verteilt diese Creme in die Portionsförmchen auf die Schokoladecreme und läßt sie erkalten.

Register, nach Kapiteln geordnet

KLEINGEBÄCK

SÜSS-SPEISEN

Register (französisch)